암흑기의 단암
석주
이상룡 평전

김삼웅 지음

꽃자리

목차

감사의 말씀

우리 역사 오천 년에 백 년 전 만주 망명 생활 반세기는 필설로 설명이 안 되는 시기였다. 이때가 처음 망명했을 때인데 중국인의 텃세가 심했고 언어가 통하지 않았으며 먹을 것이 없어 풀뿌리로 연명했고 북쪽의 추위와 일본군과 밀정. 모택동과 장개석 군대. 소련 군과 마적을 피해가며 서툰 솜씨로 만주를 개간하였고 나라 찾는 일까지 해야 했으니 사는 것이, 죽는 것보다 어려운 때였다.

남북분단 전만 해도 망명자들이 나라부터 찾아야 한다는 공감대가 있었고 당파와 종교를 초월했다. 그러나 1945년 일본이 쫓겨간 후에는 남북이 분단되어 동족을 서로 죽여야 했던 6·25는 참으로 잔인한 전쟁이었다.

독립운동도 입고, 먹고, 자야 한다. 그 의식주를 여성들이 다해야 했는데 독립운동사에는 남자 이름이 대부분이다. 깨어 있는 요즘이라면 택도 없는 일이다.

1987년 독립기념관 건립 시 초청된 일송 김동삼 선생의 며느

리 이해동 여사는 일송 선생만 칭송하는 것을 듣고 울분이 그대로 드러나 시아버지가 그렇게 훌륭하였다면 그 반은 시어머니 박 여사의 몫이라고 당당하게 말하던 모습이 선하다.

저는 1939년생으로 80대 중반인데 독립운동을 잘 모른다. 어릴 때(일제강점기) 농촌에서 자라 아무도 독립운동이란 말을 해주지 않았고, 해방 후 서울에 올라와 초등학교를 다니다가 6·25를 만나 타향에 피난 중 아버지를 잃고 10년 후 증조부인 이상룡 선생이 서훈 되고 비로소 독립운동을 조금 알게 되었다.

필자는 아버지(이병화), 어머니(허은), 할아버지(이준형), 증조 할아버지(이상룡), 증조 할머니(김우락)가 독립운동가이다.

조상이 독립투쟁으로 사변 때 피난 중 가장을 잃었고 형님 네 분이 요절했으며 저와 1942년생 여동생은 99칸의 집을 두고 보육원에 보내졌다. 18살에 보육원을 나오니 상속 재산 한 푼 없었고 아버지 없는 조카가 또 9명이 생겨 혼주석에 8번을 앉았다. 평소 한숨과 눈물을 숨기느라고 이를 악물었던 기억이 새롭다.

좋은 세상이란 부모 공경하고 이웃을 사랑하며 거짓말 안 하고 약속 잘 지키는 세상이라고 알았는데 헛말이었다.

사마천은 '합이 오래되면 나누어지고(합구필분合久必分) 나눔이 오래되면 합해진다(분구필합分久必合)'고 했는데 분단의 시대가 벌써 80년이 되었다. 그동안 한 달 걸리던 곳이 반나절로 짧아졌고 세계는 일일생활권이 되었다. 남아선호 사상은 이미 물 건너갔고 아들 장가 보내려고 말도 안 통하는 외국인을 데려오는 시대가 되었다. 출생률이 낮아 군인도 수입하려고 용병(傭兵) 이야기가 나오는데 국민 의식 수준은 아직 6·25에 머문 사람이 많다.

핵 문제. 통일 문제. 독도 문제 등은 백 년 전에는 없던 말들이다. 멀리 보면 일본의 대륙침략이 남긴 후유증(後遺症)이다. 6·25 전쟁은 인구가 줄 정도의 사상자를 내고도 통일이 되지 못했고 분단선에는 새로운 살상무기가 모여 공멸도 마다하지 않고 있다.

앞으로 나아가자면 우선 백여 년간 억울하게 죽어간 분들의 해원(解冤)부터 해주어야 한다. 그동안 이를 위해 혼신의 노력을 다해오신 김삼웅 선생님과 좋은 책으로 한국 독립운동사의 음지를 비추어 주신 꽃자리출판사 한종호 대표님께 감사의 말씀을 드린다.

2023년 8월 15일, 광복 78주년 기념일을 맞으며
석주 이상룡 선생 증손 이항증

1부
그는 누구인가

석주 이상룡

석주 이상룡 선생을 찾아서

국가의 존립이 무너지는 절망의 시기, 사방이 어둠에 덮여 한 줄기 빛도 찾기 어려운 시국이었다. 긴 세월 호사를 누려온 양반들은 자신들의 기득권을 빼앗길 것이 두렵지만 나서길 꺼리고, 같은 세월 갖은 착취와 학대를 받아온 백성들은 이가(李哥)나 왜가(倭哥)나 "그놈이 그놈"이라는 체념으로 나서길 주저하였다.

조선왕조 500년의 국시라면 충(忠)과 효(孝)이다. 모든 사회적 가치, 덕목, 교육, 예의, 범절이 여기에 모아지고 두 글자로 압축되었다. 충은 특히 국가의 안위가 문제되었을 때 적용되는 예비용이지만 평상시에는 군주에 대한 경애심이고, 효는 나날에 쓰이는 상비약처럼 가정의 윤리관이었다. 그런데 왜적의 침입으로 나라의 명운이 경각에 놓이면서 충은 삼십육계하고 효는 조상들 묫자리에 주저 앉았다.

하지만, 이것은 일반론적이고 예외도 없지 않았다. '암흑기의 선각' 또는 '호모 노마드'(homo nomad)라 불리어 마땅한 사람(가족)들이 있었다. 같은 물을 마시고도 양은 젖을 만들고 뱀은 독을 만든다 했듯이, 같은 전통 유학을 배우고도 보수 유림의 낡은 외투를 벗어던지고 혁신유림으로 갈아입었던 사람들이었다.

석주(石州) 이상룡(李相龍, 1858-1932) 선생은 붓 대신 무기를 들고 의병활동 → 애국계몽운동 → 친일파 송병준, 이용구 등 처단 상소 → 해외망명에 나섰다. 노마드의 개척정신이 아니고서는 실천이 어려운 도정이었다.

백면서생에게 의병이나 해외망명은 여간해선 감행이 어려운 결단이었다. 더욱이 단신이 아닌 가족, 친척이 함께하는 망명은 쉽지 않다. 누대에 걸쳐 전승된 명문가의 기득권을 내려놓았고, 떠나기 전 노비들을 해방시키며 노비문서를 불살랐다. 한국판 노블레스 오블리주의 사표이다. 그리고 망설이고 두려워하는 가족들에게 「거국시(去國詩)」를 읊었다.

산하의 보장(寶藏)인 삼천리 우리 강토
의관(衣冠)하는 유교문화 오백년 지켜왔네
문명(文明)이 무엇이기에 늙은 적(賊) 매개하여
까닭 없이 꿈속의 혼 온전한 나라 버리네
대지(大地)에 그물 펼칠 것 이미 보았거니
어찌타 영웅 남자가 해골을 아끼랴
고향 동산에 좋이 머물고 슬퍼하지 말게나
태평성세 훗날 다시 돌아와 머무르리.

결행을 주도한 석주 선생은 뜨거운 피, 펄펄 튀는 젊은 연세가 아니었다. 이미 쉰 고개를 넘어선 53세, 당시만 해도 평균 수명이 40세 전후이던 시절에 가솔 50여 명을 이끌고 망명객이 되었다.

우당 이회영 일가와 함께 서간도 최초의 한인 자치단체이자 독립운동기관인 경학사에 이어 신흥무관학교를 설립하고, 『대동역사』를 저술하였다. 『대동역사』는 그 지역 한인학교의 교재로 쓰였으며, 대표적 독립운동가들과 「무오독립선언서」를 발표하였다. 항일무장투쟁을 위한 군사조직인 서로군정서를 조직하고, 청산리대첩에 참여한 데 이어 베이징에서 신채호, 박용만 등과 군사통일회의를 조직하였을 뿐만 아니라, 남만주 항일운동을 총괄하는 정의부를 설치하고, 난파 직전의 대한민국임시정부 초대 국무령에 선임되는 등 선생은 항일투쟁의 중심에 섰다.

그렇게 세월이 흘러 74세가 되는 1932년 6월 선생은 길림성 서란현 소고전자에서 "국토가 회복되기 전에는 내 유골을 고국으로 싣고 가지 말라. 우선 이곳에 묻어두고 기다리도록 하라"는 유언을 남기고 눈을 감았다. 사욕이 없었고 감투를 탐하지 않았다. 오직 조국의 자주독립에 모든 것을 바친 장엄한 생애였다.

그의 고택인 경북 안동의 임청각은 일제가 기차 철도를 깔아 그 가문의 독립정신을 훼손시켰다. 문재인 정부에서 2025년까지 99칸 임청각의 원형을 살리고 임청각 출신들의 독립운동 행적을 기리는 기념관건립을 시작했다. 공사는 현재 진행중이다. 임청각은 주인 석주 이상룡 선생을 포함한 11명이 독립운동의 서훈을 받았고, 석주 선생의 처가와 사돈집까지 하면 서훈자가 40여 명에 이른다. 그야말로 독립운동의 성지라 할 수 있다.

그런데 대한민국임시정부의 법통을 잇는다는 우리나라가 임시정부 초대 국무령을 지낸 선생의 훈격이 3등급이다. 이승만의 비서 출신인 임병직이 1등급이고, 또한 일본군 장교 출신들의 높은 훈격에 비해 부끄러운 모순이 계속되고 있는 현실이다.

모든 기득권을 내려놓고 망명하여, 각급 독립운동 단체를 조직하고도 자신을 내세우지 않았던 선생의 품성이, 까짓 훈격의 급수에 연연할 리 없겠지만, 역사정의와 일반상식에 비추어 정당한 처사가 아님은 분명하다. 따라서 더 늦기 전에 정부가 나서 이를 바로잡아야 할 것이다.

제국주의 일본의 침략이 노골화되자 석주 이상룡은 반제항일, 반봉건투쟁의 일환으로 의병전쟁을 시도하고, 아울러 신간서적을 통한 국제 안목의 확대로 애국계몽운동 등 구국운동을 실천에 옮겼으며, 또 한편으로는 종래 유자들의 사대사상의 바탕 위에서 구국이라는 대의 앞에 종래의 존화양이(尊華攘夷)에 대하여 비판을 가한 그는 당시 한국의 사상계를 지배하고 있던 유교의 사대주의적인 사고에서 탈피하였다. 이는 후일 조국 광복을 위하여 석주 일가가 중국동북지방으로 망명할 수 있었던 결단력과, 그 지역에서 중국을 비판하면서 재만한국인촌락 형성에 대한 지

도와 독립운동을 적극 수행할 수 있었던 연유가 된다고 하겠다.[1]

---

1   박영석, 「석주 이상룡의 화이관」, 『민족사의 새시각(개정증보판)』, 55쪽, 탐구당, 1988.

국가 위난기에 임청각에서 태어나

이상룡은 구한말 나라가 지극히 어려워져가고 있는 시기에 태어났다. 안동 김씨의 세도가 문중의 아흔아홉칸 대저택 임청각(臨淸閣)에서 아버지 승목(承穆)과 어머니 안동 권씨의 3남 3녀 중 장남으로 출생한 것이다. 보물 제182호로 지정된 이 저택은 조선 500년의 유풍(儒風)과 높은 기개 속에 수많은 인재를 배출한 명소이다.

국가적으로는 어느 때보다 어려운 시기에, 그러나 가문과 가통으로는 금수저를 물고 태어났다. 이 시기를 전후하여 안동 김씨의 집권세력인 노론 벽파처럼 시세를 추종하면 금수저는 유지되거나 더 늘리고, 남인 시파처럼 양심에 따라 저항하면 유배되거나 몰락하는 경우가 많았다. 물론 노론 계열 중에는 이항로와 같은 척사운동을 일으킨 인물도 있었다. 안동 지역은 남인계열에 속하여 중앙 진출을 못하고 그 대신 향촌사회를 장악하였다.

이상룡의 가문이 안동에 자리잡은 것은 15세기 후반이다. 개국공신 이원(李原)의 7형제 중 여섯째로, 김종직의 문하로 진사시

험에 합격하여 진해와 영산의 현감을 지낸 이증 때부터이다. 그는 이상룡의 19대조이다.

의협심이 남달리 강했던 이증은 수양대군이 단종을 쫓아내고 왕위를 찬탈하는 계유정난이 일어나자 불의한 군주의 녹을 받고 살 수 없다 하여 영산현감을 버리고 안동으로 들어왔다. 이와 같은 곧은 절조는 집안의 가풍이 되었다.

이상룡의 아버지도 1871년 3월 대원군에 의해 서원철폐령이 내려지자 반대 상소문을 올려 시정을 촉구했다. 만동묘의 철폐를 시작으로 왕이 친히 이름을 지어 현판을 준 47개의 사액 서원을 제외한 모든 서원이 철폐되었다. 조선후기에 이르러 서원이 크게 늘어나 전국에 679개에 이르고, 더러는 백성들에 대한 폐단이 적지 않았으나 문화적으로 기여한 바도 없지 않았다.

이상룡이 태어나고 자란 임청각은 18대 선조인 이명이 의흥 현감의 직을 버리고 안동으로 들어와 지은 집이다. 당시로서는 아무나 시도하기 어려운 아흔아홉칸의 대저택이었다.

그가 태어난 1858년 이후의 시대사를 살펴보자. 1860년 수운 최제우가 동학을 창시하고, 1862년 진주를 시작으로 익산, 개령, 함평 등에서 임술민란이 일어났다. 1863년 고종이 즉위하고 흥선대원군 이하응이 정권을 장악했다. 1864년 최제우가 처형당하고, 만동묘 철폐령이 내리자 유생 2천여 명이 반대상소를 올렸다. 경복궁 중건이 시작되고, 1866년 제너럴 셔먼호 사건과 병인

양요가 거푸 일어났다. 1868년 1월 일본에서는 메이지유신이 시작되었다.

국내외적으로 많은 사건이 꼬리를 물고 일어나고, 이런 사건, 사태들은 이상룡이 앞으로 살아가는 데 암초가 되거나 과제의 시발이 되었다.

명문가의 장남으로 태어난 이상룡은 어릴 때부터 대범한 소년으로 성장했다. 글공부에도 재능을 보여 6, 7세에 한시를 지어 어른들을 놀라게 하였다. 10세를 전후하여 사서삼경을 읽고 이해하였으며 친척인 평담(平潭) 이전(李銓)을 스승으로 모셨다. 그는 이상룡 소년이 대장부가 될 수 있도록 키워준 스승이었다.

당시 조혼 풍습에 따라 열네 살 때에 이웃마을 천전리에 사는 의성 김씨 진린(鎭麟)의 장녀와 결혼하였다. 부인은 이후 평생을 파란 많은 남편을 따라 수발하면서 가정을 지켰다. 결혼한 지 1년 후 아버지가 불시에 돌아가셨다. 아직 15세의 소년으로 부친의 죽음을 맞기란 쉽지 않았다. 어머니와 할아버지가 계셨으나 큰 가문의 장남으로서의 역할은 만만치 않았다.

부친의 3년 상을 치르고 아버지 대신 어린 동생들을 보살피면서 가문의 대소사에 정성을 다하였다. 너무 일찍 세상물정을 익히게 되었다. 할아버지의 주선으로 서산(西山) 김흥락의 문하에 들어가 본격적으로 학문에 매진하였다. 그는 퇴계 이황의 학통을 이어받은 한학자였다.

김흥락은 28세 되던 해에 『입학오도(入學五圖)』라는 책을 저술해 학문의 방법을 체계적으로 구성하고 제시한 학자였다. 그는 이 책에서 학문을 닦는 방법에는 뜻을 세워야 하고, 예의가 바르고, 이치를 잘 따질 수 있어야 하며, 그것을 실행에 옮길 수 있어야 한다는 네 가지 기본 원칙을 제시하였다. 그러기 위해서는 일단 학문하는 사람은 마음을 잘 닦아 깨끗함을 유지해야 한다고 강조하였다. 이상룡은 김흥락의 학문에 대한 사상을 마음 깊이 새기고 실천하기 위해 노력하였다.[2]

---

2 채영국, 『서간도 독립군의 개척자』, 18쪽, 역사공간, 2007.

2부
교육, 성장 시기

1894년은 국내외적으로 격변의 해였다. 동학농민혁명에 이어 일본군이 수원 부근 풍도에서 청국군함을 선제공격함으로써 청·일전쟁이 일어나고, 정부의 갑오개혁, 동학군 2차봉기 등이 계속되었다. 이 땅의 남반부에서는 일본군에 의해 동학농민군이 시산혈해(屍山血海)를 이루고, 북반부에서는 청일 양국군의 사활을 건 전쟁으로 피바다를 만들었다.

과거낙방, 일본침략 나날이 심화돼

무척 영민했던 그는 성장하면서 나라의 명운이 걸리는 일들을 목견하게 되었다. 그 중의 하나가 18세 때인 1876년의 강화도조약이다. 병자수호조약이라고도 불리는 이 조약은 조선이 외국과 맺은 최초의 근대적 조약인 동시에 불평등조약이다. 한 해 전 일본은 운요호사건을 핑계로 8척의 군함과 600명의 병력을 조선에 보내 무력으로 협상을 강요했다. 그리고 무능한 정부를 겁박해서 조약을 맺었다.

조약에서는 조선을 자주국으로 일본과 동등한 권리를 갖는다고 했으나 실제로는 청나라의 종주권을 부정해 침략을 쉽게 하려는 의도였다. 이 조약으로 부산 외에 두 항구(원산과 인천)를 개항하여 일본인의 통상활동과 개항장에서 일본인들의 거주가 허용되었으며, 조선 영해의 자유로운 측량을 허가함으로써 통상 교역의 경제적 목적을 넘어 정치, 군사 면에서 거점이 마련되었다.

이후 일본은 조선을 야금야금 먹어 들어왔다. 일본 군함이 전국의 해안을 측량하고, 조정에서는 일본군 공병소위 호리모토 레

암흑기의 선각 석주 이상룡 평전

이조를 훈련교관으로 초빙, 일본식 군복과 일본 총을 사용하는 별기군을 설치했다.(임오군란으로 1882년 폐지) 1882년 7월, 임오군란 때 본국으로 도망쳤던 일본공사 하나부사 요시모토가 1500명의 군대를 이끌고 서울에 들어와 임오군란의 주모자 처단, 일본 피해자 유족과 부상자 배상 등을 요구하는 내용의 제물포조약이 체결되었다. 이 역시 불평등조약이었다.

일본과 청국이 조선이라는 먹잇감을 놓고 으르렁대고 있을 때, 고종과 민씨 척족은 제대로 대처하지 못한 채 권력유지에만 정신을 팔고 있었다. 개화파들이 1884년 10월 갑신정변을 일으켰으나 청국군을 끌어들여 진압하고 권력을 유지했다. 이상룡은 28세가 되던 1886년 과거에 응시했다. 썩을대로 썩어가는 정부의 녹을 먹는다는 것이 마음에 걸렸으나 이제껏 닦은 학문과 꿈을 펴보이고, 관리사회의 한 가닥 청류를 만들고자 하는 마음이었다.

이미 합격자가 내정된 과거는 요식행위일 뿐이었다. 김구, 이승만 등도 이때를 전후하여 과거에 나섰다가 줄줄이 낙방했다. 과거제의 부패는 유망한 청년들이 낙방으로 인해 민족운동의 지도자가 되는 길로 이어졌다는 역설의 효과도 있었다고 할 것인가.

부패의 현장에서 패배의 쓴 맛을 본 그는 크게 상심하여 쉽게 마음이 가라앉지 않았다. 1년여 동안 발길 닿는대로 전국을 주유하며 사람들을 만나고 산천을 돌아봤다. 조국 강산 어디서나 백성들의 헐벗고 굶주린 모습은 한결 같았다.

1894년 정초 호남에서 동학농민혁명이 발발했다. 그리고 곧 삼남지역으로 확산되었다. 그러나 안동은 동학농민혁명군의 활동이 거의 없었다. 영남만인소운동 등의 중심이었던 것과 비교된다.

안동지역에서 농민군의 활동이 두드러지지 못했던 이유로는 1871년의 이필제란(李弼齊亂)을 먼저 들 수 있다. 영해작변(寧海作變)이라고도 불린 이 난은 이필제의 주도로 영해에서 동학교단이 최초로 전개한 교조신원운동(敎祖伸寃運動: 교조인 최제우가 죄 없이 사형되었다는 점을 인정받으려는 운동)이었다. 여기에 영해만이 아닌 인근 18개 지역의 동학조직이 총동원되었다고 할 수 있다. 안동의 교도들도 참여하였고, 이들 가운데 네 명은 잡혀 효수되거나 유배당하였다. 이필제란은 실패하였고, 300여 명에 이르는 교도와 농민들이 처참하게 살해되었다. 이는 초기 경상좌도지역의 동학조직을 부셔버리는 결과를 가져왔다. 그러나 이와 비슷한 사건이 다른 지역에서도 있었는데, 그 지역에서는 농민군이 크게 일어나기도 하여 안동지역과 대조가 된다.[1]

동학혁명에는 한발 늦었지만 1894년 일본군이 경복궁을 침입

---

1 김희곤, 『안동의 독립운동사』, 39~40쪽, 안동시, 1999.

하는 갑오변란이 일어나자 안동은 가장 먼저 갑오의병을 일으켰다. 공주 유생 서상철(徐相轍)이 제천에서 살다가 안동인들을 중심으로 의병운동을 시작했다. 이어서 1895년 8월 명성황후 살해사건이 일어나자 전개된 을미의병 역시 안동이 중심지가 되었다. 을미의병의 주도자 중에는 이상룡의 스승 김흥락도 들어 있었다.

안동 을미의병 발의자는 면우 곽종석(俛宇 郭鍾錫), 척암 김도화(拓菴 金道和), 서산 김흥락(西山 金興洛), 세산 유지호(洗山 柳止鎬) 등이 논의를 주도했고, 그 결과 안동의진 결성을 결의했다. 이들은 「안동통문」을 작성하여 각지에 발송하였다. 이것은 곽종석, 김도화, 김흥락, 권진연(權晉淵), 강육(姜銪) 등 다섯 사람의 이름으로 작성되었다.

그들은 통문에서 "……중전(中殿)을 바라보니 8월의 변고가 생겼으며, 금수의 무리가 금궁(禁宮)을 육박하여 심한 농간을 부리고 임금을 협박하여 영(令)이라 빙자하여 중외(中外)에 호령하고 속이고 있으며, 심지어 머리를 깎고 옷섶을 왼편으로 하는 야만스런 행동이 이미 임금의 주변에 가해졌습니다. …… 여러분께서는 이 나라 백성 모두가 선현의 자손으로서 의리의 강론은 내력이 있고, 충분의 축적은 배설되지 않았으니, 각기 죽음을 맹세하고 몸소 앞장서서 주먹을 불끈 쥐고 용맹으로 떨쳐 나와 선왕의 법복과 부모의 유체를 보전할 것을 생각한다면, 어찌 위대한 일이 아니겠습니까. 아무쪼록 힘써 주소서. 아! 이 몸이 한 번 죽으면 오히려 의로운 귀신이 될 것이나 이 머리는 한 번 깎이면 영원토록 오랑캐가 되는 것이니 각자 마음에 행세하여 대의를 붙잡기 바랍니다."[2]

2 앞의 책, 58-59쪽.

대한협회 안동지회조직 일제에 구속

1894년은 국내외적으로 격변의 해였다. 동학농민혁명에 이어 일본군이 수원 부근 풍도에서 청국군함을 선제공격함으로써 청일전쟁이 일어나고, 정부의 갑오개혁, 동학군 2차봉기 등이 계속되었다. 이 땅의 남반부에서는 일본군에 의해 동학농민군이 시산혈해(屍山血海)를 이루고, 북반부에서는 청일 양국군의 사활을 건 전쟁으로 피바다를 만들었다.

그해 이상룡의 할아버지가 돌아가셨다. 아버지가 작고한 후 할아버지는 집안은 물론 문중의 큰 어른으로 친족을 이끌어왔다. 이상룡이 아직 어린 나이에 아버지를 잃고 동생들과 집안을 지킬 수 있었던 것은 할아버지가 계셨기에 가능했다. 이제 그 버팀목이자 기둥이던 분이 떠나셨다.

관례대로 3년상을 치루고자 할아버지의 선산이 있는 도곡마을로 들어갔다. 나라 안팎의 위기 소식은 여기까지 전해져왔다. 가슴에 뜨거운 불덩이가 타오르고 있는 청년 이상룡은 상중이었지만, 닥쳐오는 국난에 대해 고민하지 않을 수 없었다. 스승 서산

김흥락이 을미의병을 발의하고 나선 이래 의병활동을 지휘하고
있었다. 이상룡은 서산을 통해 의병들과 맥을 유지하면서 할아버
지의 상을 입은 것이다.

집안의 불행한 일을 당해 깊은 산간 마을로 들어갔으나 나라의
어지러운 일들은 그곳까지 들려왔다. 그는 장차 나라에 큰 어려움
이 닥쳐오겠구나 하고 생각하였다. 이같은 생각이 미치자 그는 비
록 상중이었지만 국난을 당했을 경우를 대비하여 군사를 부리고
군사들이 사용할 새로운 무기를 고안하는 등 군사학을 연구하는
데 온 심혈을 기울였다. 그 결과 병법에 관해 체계적으로 정리한
『무감(武監)』이라는 책을 저술할 수 있었다. 화살을 잇달아 발사할
수 있는 재래식 무기인 연노(連弩)를 새롭게 고안해 더욱 빠른 속
도로 화살이 나갈 수 있도록 만들기도 하였다.[3]

을사늑약을 전후하여 안동에서는 치열한 의병투쟁이 전개되
었다. 이상룡도 적극 나섰다.

이상룡은 1905년 을사조약이 체결되자, 국가의 멸망으로 인식
하고 일제를 토벌하기 위해 군자금 조달뿐만 아니라 구체적 방략

---

3 채영국, 앞의 책, 36-37쪽.

과 대책을 제시하면서 적극적으로 투쟁하였다. 그해 겨울 매제 박경종(영해 출신)과 함께 1만5천 냥을 모아 가야산에서 거병한 차성충을 지원하는 한편 신돌석, 김상태 등과도 연대를 모색하였다. 그러나 차성충의 기병이 실패로 끝나자 자신을 포함한 유림계의 대응 태도와 입장에서 근본적인 회의를 하게 되었다. 그래서 새 방략을 모색하던 중 1909년 4월 대한협회 안동지회를 결성하여 구국계몽운동을 전개하였다.[4]

이상룡은 이 시기 충의사(忠義社)에도 참여했다. 을미의병에 참여했던 재야 유생층이 주도하고 이들과 연계된 재경관인들이 조직한 결사였다. 「충의사창립취지서」에서 "왜적을 물리치고 강토를 보존하고 종사를 지키고, 생령을 받들기 위해 결사한다"고 밝힌 대로 항일구국결사였다.

본부를 서울에 두고 각 시·도·군에 지사를 둔 충의사의 「서명록」에 따르면 안동부 관할지역 출신에는 이상룡을 비롯 이중식, 이규락, 김운락, 김학모, 이남우, 유봉희, 김진수, 권정식, 권유하 등 쟁쟁한 인물들이 참여하였다.

이상룡이 안동에서 의병활동을 하고 있을 때, 1907년 11월 서울에서 대한협회가 창립되었다. 대한자강회의 후신으로 윤호정,

4 김희곤, 「이상룡」, 『안동독립운동인물사전』, 341쪽, 선인, 2011.

장지연, 권동진, 민영휘, 장박, 남궁억, 유근, 정교, 이종일 등이 중심인물이었다. 대한협회는 강령에서 교육의 보급, 산업의 개발, 생명재산의 보호, 행정제도의 개선, 관민폐습의 교정, 근면저축 등을 내세웠다.

중앙조직에 이어 부(府)와 군(郡)의 지회를 설치하면서 대한협회는 1909년 4월 이상룡에게 안동지회 설립을 권유하는 편지를 보냈다. 그간의 의병활동 등이 중앙에 알려진 것이다. 그는 지체하지 않고 답장을 썼다. "나라를 위하는 도(道)로 사회보다 나은 것이 없고, 개인보다 못한 것이 없다. 사회단체가 아니면 내계(內界)를 발달시킬 수 없고, 사회단체가 아니면 외계와 더불어 경쟁할 수 없다. 열강들이 강대한 것도 이 도를 먼저 깨달았기 때문이다."[5]라고 하면서 국가의 발전에 사회단체의 조직이 꼭 필요하다고 답신했다.

이상룡은 안동지회를 조직하던 중 일경에 붙잡혀갔다. 의병의 배후라는 이유였다. 두 가지 측면에서 난관에 부딪혔다. 보수 유림의 비난과 일제의 감시가 그것이다. 이상룡은 당시 "영남 유림들이 대개 먼 시각을 고집하여 세상의 변화에 맞추려하지 않는다"하여 협회의 지회설립이 순탄하지 않을 것임을 걱정하였다.

---

5 『석주유고』, 고려대학교 출판부, 1973.

한편 일제도 이상룡을 비롯한 일부 유림의 대한협회 설립 움직임을 날카롭게 주시하면서, 빌미를 만들어 이상룡을 경찰서로 붙잡아들였다. 그러자 안동 일대의 민중들이 격렬히 저항하여 경찰에 끌려간 지 한 달 남짓 지나 석방하지 않을 수 없었다.[6]

대한협회는 1910년 9월 12일 경무총감부에 의해 해산당할 때 전국 회원이 7000여 명이고 지회는 77-100개소에 이르렀으며, 회원은 대체로 개화론자, 전직관리, 지주, 상인, 유생이고 기관지 『대한협회회보』를 발행하였다.

대한협회는 조선총독부에 의해 매국단체 일진회와 연합이 추진되었다. 이상룡은 이 같은 소식을 전해 듣고 안동지회장으로서 중앙간부 권동진, 홍필주 등에게 편지를 보내어 격렬히 반대하는 뜻을 밝혔다. "일진회와 연합함으로써 얻은 것은 적고, 오히려 2천만 대중을 잃어버리게 되었다"라고 성토하였다.

---

6 김희곤, 앞의 책, 132쪽.

의병지원에서 계몽운동으로

국난기를 맞아 역사의식에 눈이 뜨인 이상룡은 고향 안동을 중심으로 다양한 활동을 전개하였다. 초기에는 가야산을 무대로 하는 의병기지 건설이었다.

이상룡은 경남 거창군 가조(加祚)의 의병장인 차성충과 연락하며 가야산에 의병기지를 건설하고 그곳을 거점으로 삼아 항쟁을 추진하기로 결의하였다. 그래서 그는 1906년 새해를 거창에서 맞이하고, 의병기지 건설과 거병에 힘을 쏟았다. 그리하여 1908년 정월에는 1만민금(萬緡金)을 거창으로 보냈다. 그런데 자금을 보낸 직후 차성충이 병사를 모집하고 무기를 마련하는 과정에서, 2월에 거창 주둔 일본군이 알아채고 기습하는 바람에 모든 것을 잃고 말았다.

그러자 이상룡은 영덕의 신돌석과 영주, 봉화에서 활약하던 의병 김상태에 기대를 걸었지만 이마저도 주저앉고 말았다. 여기에서 이상룡은 의병항쟁이 가지는 방략상의 한계를 깊이 인식하고

새로운 돌파구를 모색하게 되었다. 그것이 바로 계몽운동이었다.[7]

이상룡이 전개한 계몽운동에는 우선 유인식, 하중환, 김동삼 등이 1907년 안동에 세운 협동학교를 지원했다. 교원은 지역 유지들과 서울에서 신민회가 파견한 3인의 교사들로 구성되었다. 이 학교는 존립기간이 짧았으나 안동의 청년들로 하여금 민족의식에 눈을 뜨게 하였다.

(협동학교) 높은 수준의 교육으로 안동지방의 유림 개화에 공헌하였다. 학제는 3년제 중등과정으로 출발하였으며, 중등과정이면서도 초등과정을 병설한 것 같다. 1908년부터 수업을 시작한 뒤, 1회 졸업생이 1911년 3월에 배출되었다. 당시 교과내용은 역사, 국어, 대수, 화학, 생물, 체조, 창가, 외국지리 등 17개 과목이었으며, 교과서로는 『대한신지지』, 『외국지리』, 『중등생리학』, 『신찬생리학』, 『식물학교과서』, 『상업대요』 등이 사용되었다.
그리고 협동학교가 배출한 졸업생은 80명 정도로 졸업생 대다수가 독립운동에 참여하였다. 하지만 협동학교는 학생들에게 단발을 강요하였다는 이유로 1910년 7월 최성천 의병의 습격을 받아 교감 김기수, 안상덕과 서기 이종화가 살해되기도 하였다. 그

---

7 김희곤, 「법흥마을사람들이 펼친 독립운동」, (학술강연원고), 12쪽, 2015년 11월 14일, 안동시민회관.

후 새로이 김하정과 김철훈이 선임교사로 들어와 다시 활기를 띠기 시작하였다. 이 무렵 안동에 대한협회를 창립한 석주 이상룡이 협동학교를 크게 지원하였다.[8]

이 시기 이상룡은 향촌의 각급 계몽운동을 지원하는 한편 스스로 서양사상과 학문에 관심을 갖고 공부하였다. '자기계몽'도 열심히 한 것이다. 베이컨, 데카르트, 칸트, 다윈 등 근세 철학자들의 저작을 읽고 지식의 지평을 넓혀 나갔다.

전통유학에서 혁신유학을 거쳐 근대적 서양학문에 접하면서 시대와 시국을 보는 안목이 그만큼 넓고 깊어졌다. 이 같은 변화는 자신에게만 머물지 않고 가족, 친지, 이웃 등으로 넓혀졌다.

서양 근대사상 수용 과정에서 그가 보인 특징은 향촌을 변혁운동이나 저항운동의 단위로 설정하고, 무장투쟁을 방법으로 선택하여 만주망명 이후로도 줄곧 이어갔다는 점이다. 또 그는 자신의 유학사상을 기반으로 삼고 서양사상을 재해석하여 독립운동의 사상적 기반을 정립해 나갔다. 이러한 태도는 대한협회 안동지회 활동이나 서간도 독립기지 건설 과정에서도 한 줄기로 이어졌다.

대한협회 안동지회 설립은 법흥문중이 빠른 속도로 사상적인

8   조동걸, 「협동학교」, 『한국독립운동사사전(7)』, 553쪽, 독립기념관, 2004.

변화를 하고 있었음을 말해준다. 이 문중 인사들이 여기에 주력으로 참가했을 것이라는 점은 의심할 여지가 없다. 누구보다 동생 이봉희(李鳳羲, 1868-1937)의 힘이 컸을 것이고, 아들 이준형(1875-1942)이 실무를 맡았다고 전해진다. 또 만주망명에까지 동참하게 되는 나이 어린 종숙, 그러니까 이상룡의 막내 종조부의 아들인 이승화(1876-1937)도 대한협회 안동지회 활동에 열심히 나섰다.[9]

---

9   김희곤, 앞의 글, 15-16쪽.

3부
국치와 망명

경술국치라는 미증유의 국난 속에서 이상룡은 단호했다. 많은 지식인과 민중들이 역사의 격변을 맞아 방향을 잡지 못한 채 우왕좌왕할 때 그는 추진해온 대로 해외 망명을 결행했다. 그동안 집안 일을 해온 머슴들을 모두 해방시키고 노비문서를 불태웠다. 그리고 가족들의 해외 이동과 정착에 소요될 비용을 마련하기 위해 논밭과 집을 팔았다.

국치로 절망, 해외망명길 찾아

일본은 1876년 불평등한 강화도조약 이래 조선침략의 야욕을 품고 온갖 수단방법을 동원하였다. 동학혁명군을 무차별 학살하고 궁궐을 침범하여 왕비를 죽였다. 그리고 제물포조약(1882년), 한성조약(1884년), 한일의정서(1904년), 을사늑약(1905년), 한일신협약(1907년) 등을 통해 손발을 묶고 외교, 사법, 경찰, 군대를 장악하거나 해산시키고 마침내 1910년 8월 국권을 송두리째 탈취했다.

단재 신채호가 「조선혁명선언(의열단선언)」에서 갈파한 "강도 일본이 우리의 국토를 없이 하며 우리의 정권을 빼앗으며 우리의 생존에 대한 필요조건을 다 박탈하였다."

일제의 황국사관이나 이를 추종한 한국의 식민사학자와 그 아류들의 주장처럼 조선이 시대의 변화에 제대로 대응하지 못하여 국권을 상실한 것이 아니다. 당시 의병들의 치열한 항쟁이 있었다. 1906년부터 1911년까지 의병부대들은 정규 일본군과 2800여 차례의 전투를 치렀다. 의병 수는 14만여 명에 이르렀다. 그러나 제대로 무장하지 못한 의병들은 신식무기로 무장한 일본군의 학살작전에 희생되고, 강점 후에는 일부가 만주로 옮겨가 독립전쟁을 준비하게 되었다.

한말에 이르러 역대 군주가 무능하고 유약했으나 민중은 깨어 있어서 의병전쟁을 벌이고 각급 단체를 만들어 계몽운동과 항일투쟁을 전개하였다. 규모가 있었던 단체로는 독립협회, 대한자강회, 대한협회, 서우학회, 한북학회, 서북학회, 호남학회, 기호흥학회, 교남교육회, 관동학회, 신민회, 청년학우회 등이다. 이외에 개혁당, 보안회, 협동회, 진명회, 공진회, 헌정연구회 등이 조직되어 활동하였다.

일제가 을사늑약으로 사실상 대한제국을 지배하고도 쉽게 '합병'하지 못한 채 5년이나 지체한 것은 의병을 비롯한 한국민중의 치열한 저항 때문이었다. 청일전쟁과 러일전쟁에서 승전할 정도의 막강했던 일제가 막상 조선은 그만큼 집어삼키기 어려웠던 것이다. 여기에 황국사학이나 식민사관의 허구성이 드러난다.

1910년 8월, 강도 일본에게 나라가 망하고 망국노가 된 이상룡은 어느덧 52세의 중년에 이르렀다. 길은 몇 갈래가 있었다. 왜적의 노예로는 살 수 없다면서 자진하는 길, 세상과는 등지고 초야에 묻혀 죽은 듯 사는 길, 국권회복을 위해 싸우는 길이었다. 을사늑약과 국치를 전후하여 이한응, 조병세, 민영환, 김봉학, 이상철, 홍만식, 송병선, 최익현, 박승환, 홍범식 등 38명이 자정순국하고, 안동에서도 김순흠, 이만도, 이중언, 류도발, 류신영, 이현섭, 권용하, 김택진, 김도현, 이명우 부부 등 10명이 자진 순국하였다.

이상룡도 한때 같은 생각을 했으나 자손만대를 위해 살아남아서 빼앗긴 조국을 되찾는 데 생명을 걸기로 하였다.

매국노 원흉인 송병준과 이용구의 목을 베라는 상소문을 중추원에 올렸다. 이미 왜적의 앞잡이들로 구성된 정부가 상소를 들어줄 리가 없었다. 한동안 두문불출하고 국사를 저술하는 작업에 열중하였다. 긴 역사를 통해 고난과 외침을 극복한 사례를 찾고 이를 정리했다.

그즈음 서울의 신민회 간부들의 움직임이 전해지고 있었다. 1907년 1월 안창호, 이동휘, 노백린, 전덕기, 이회영, 이동녕, 신채호, 양기탁, 안태국, 이승훈, 김구 등 대표적인 민족주의자들로 구성되어 활동한 신민회는 국치를 앞두고 해외에 독립전쟁의 기지를 마련하기로 결정했다.

1910년 11월 어느날, 국치 이후 두문불출하고 새로운 조국 독립의 방략을 구상하고 있던 이상룡은 신민회에서 보내온 주진수와 황도영을 만났다. 이들의 이야기를 들은 이상룡은 그가 생각하는 구국방안과 신민회의 사업이 일치함을 알고 신민회의 사업에 찬동하여 도만 망명을 결정하게 되었다.

이는 이회영, 이시영, 이동녕, 주진수, 김창환 등이 상술한 만주에 독립군 기지를 건설하는 일을 추진해가면서 이 사업을 전국의 우국지사에게 알리는 가운데 이상룡에게 참여를 청했던 것이다.[1]

이상룡은 안동에서 의병, 대한협회 활동을 하면서 신민회와도 연대하고 있었던 것 같다. 그런 관계로 해외독립운동기지 설립이라는 극비 내용을 알리며 함께 하기를 바랐던 것이다. 이상룡은 망명할 것을 결정하면서 뒷날 자신의 망명기록인 「서사록」에서 다음과 같이 썼다.

1910년 가을에 이르러 나라 일이 마침내 그릇되었다. 이 7척 단신을 돌아보니, 다시 도모할 만한 일이 없는데, 아직 결행하지 못한 것은 다만 한 번의 죽음일 뿐이다. 어떤 경우에도 '바른 길을 택한다'는 것은 예로부터 우리 유가(儒家)에서 날마다 외다시피해온 말이다. 그렇다면 마음에 연연한 바가 있어서 결단하지 못한 것이 아니며, 마음에 두려운 바가 있어서 결정하지 못한 것이 아니다. 다만 대장부의 철석과 같은 의지로써 정녕 백 번 꺾이더라도 굽히지 않는 태도가 필요할 뿐이다. 어찌 속수무책의 희망 없는 귀신이 될 수 있겠는가?

1   최덕수, 「석주 이상룡 연구」, 『사총(史叢)』, 제19집, 107쪽, 고려대학교 사학회, 1975.

만주 횡도천에 망명짐 풀다

경술국치라는 미증유의 국난 속에서 이상룡은 단호했다. 많은 지식인과 민중들이 역사의 격변을 맞아 방향을 잡지 못한 채 우왕좌왕할 때 그는 추진해온 대로 해외 망명을 결행했다. 그동안 집안 일을 해온 머슴들을 모두 해방시키고 노비문서를 불태웠다. 그리고 가족들의 해외 이동과 정착에 소요될 비용을 마련하기 위해 논밭과 집을 팔았다. 정치, 사회적으로 격변기이고 갑작스런 매매여서 제값을 받지 못한 경우가 많았다.

이상룡은 1911년 음력 1월 5일 새벽에 사묘(祠廟)에 절하고, 날이 저물 무렵 일제 경찰의 눈을 피하기 위해 홀로 길을 나서, 추풍령 역에서 기차를 타고 서울을 거쳐 1월 19일 신의주로 갔다. 이어서 1월 25일 가족이 신의주에 도착하였는데, 그 길에 이상룡의 막내동생 이봉희, 아들 이준형(1875-1942), 조카 이형국(1883-1931), 이운형(1892-1972), 이문형(1895-1945), 이인형(1909-1978), 손자 이병화(1906-1952) 및 부녀자와 어린아이들이 동행하였다. 이틀 뒤 이들은 압록강을 건너고, 2월 7일에 횡도천(恒道川)에 도착하

여, 먼저 도착해 있던 맏처남 김대락과 그의 아들 김형식을 만났다.[2]

가솔 50여 명은 가족이 아닌 척 일행을 분산시켜 차디찬 겨울밤 압록강을 건넜다. 무사히 검문을 통과한 것은 추운 계절인데다 초라한 행색이어서 일제의 국경경비대가 전혀 주목하지 않았다. 이상룡은 언제 다시 돌아올 지 모르는 조국산천을 떠나면서 참담한 심경으로 시 한 수를 읊었다.

> 삭풍은 칼보다 날카로워 나의 살을 애는데
> 살은 깎여도 오히려 참을 수 있고
> 창자는 끊어져도 차라리 슬프지 않다.
> 옥토 삼천리와 이천만 백성의 극락 같은 부모국이
> 지금 누구의 차지가 되었는가.
> 차라리 이 머리 잘릴지언정
> 어찌 내 무릎을 꿇어 그들의 종이 될까 보냐.
> 집을 나선지 한 달이 못 되어 압록강 물을 건넜으니
> 누가 나의 길을 더디게 할까 보냐
> 나의 호연한 발걸음을.
>
> (이상룡, 「서사록」)

---

2 안동독립운동기념관 편, 「서사록」, 『국역 석주유고』 하, 15-26쪽, 경인문화사, 2008.

무릎 꿇어 왜놈의 종이 되기를 거부한 이들 일가는 남부여대하고 멀고 험한 길 만주로 거처를 옮겼다. 의병운동에 참여했던 이상룡은 막강한 왜적과 싸우기 위해서는 의병수준을 뛰어넘는 조직이 필요함을 절감하고 만주에 독립군 기지를 구축해야 한다는 일념뿐이었다.

이상룡의 행장에 쓰여 있는 바 의병으로는 안 된다는 '사고의 전환'은 독립운동 및 독립군 기지 건설운동에 중대한 의미가 있다. 독립운동 기지 건설론자들은 대개 현실적 힘을 중시하면서 장기적 전망에 서 있었기 때문에 이상룡과 비슷한 사고를 하였지만, 이상룡은 특히 더했다.

을미년 이래 안동 일대에서의 의병 활동과 의병장의 의식에 대하여 잘 알고 있었고, 을사년 이후에는 수년 간 의병 투쟁에 깊숙이 개입한 바 있어서 그의 사고는 누구보다도 실천적 체험과 연결되어 있었다. 이와 같은 체험은 압록강을 건넌 이후에도 그의 사고와 행동 양식에 강렬히 영향을 미치고 있었다.[3]

이상룡 일가는 10여 일 후 회인현 횡도천(恒道川)에 도착하였다. 그동안 만주의 혹독한 추위를 견디고 굶주리며 용케 전원이 무사했다. 앞의 인용문 대로 횡도천에는 이상룡의 처남 김대락이 먼저 들어와 살고 있었다. 선발대 역할을 한 것이다.

---

3 서중석,『신흥무관학교와 망명자들』, 45쪽, 역사비평사, 2001.

망명시 이상룡의 목적지는 유하현(柳河縣) 삼원포(三源浦)였다. 유하현은 한국의 만포 대안인 집안현(輯安縣)에서 북쪽으로 가 통화현(通化縣)을 지나야 닿을 수 있는 지역이었다. 이상룡이 회인현에 있을 때 이미 신민회의 계획에 의해 이회영 일가와 이동녕 등이 유하현에 도착해 자리 잡고 있었다. 이에 이상룡은 아들 준형에게 몇 명의 청년을 붙여 유하현에 가 거주할 집과 경작할 토지를 구하라고 보냈다.[4]

신민회의 결정에 따라 이상룡 일가보다 먼저 이주해온 우당 이회영 일가 등이 들어오면서 예전과는 달리 많은 인력이 마차와 말을 이용한 것을 보고 일제의 앞잡이들이라고 오해하면서 청국 관청이 나서 통제를 시작한 것이다. 결국 오해는 풀렸으나 이준형의 유하현 가는 길은 포기해야 했다.

당초 목적지 유하현을 포기하고 횡도천에 짐을 풀었다. 마침 빈집이 있어서 세를 얻어 마치 수용소와 같은 집단생활을 하게 되었다. 나라 찾기 위한 망명길이 평탄할 리 없었지만, 혹한에 굶주리고 중국 토착민들의 텃세까지 겹쳐 곤경이 이만저만이 아니었다. 젊은이들 사이에 불평불만이 나오고, 그럴 때마다 이상룡은 "나라를 잃고 이역만리 타국에 온 것은 구차하게 몸과 목숨을 보전하려는 것이 아니니 지금은 다소 곤란한 일이 닥쳐도 이를

---

4   채병국, 앞의 책, 98쪽.

이겨내야 한다"고 달래었다.

암흑기의 선각 석주 이상룡 평전

만주에서 자치기관 경학사 설립

독립운동가들이 만주에 독립군 기지를 구축하려는 것은 지리적으로 국내와 가깝다는 이유가 있었지만, 고대로부터 한민족의 강역이었다는 '고토(古土)의식'도 크게 작용했다.

> "만주는 단군 성조의 영토이며 고구려의 강역이라, 비록 현재 살고 있는 사람들의 복식과 언어가 같지는 않지만 선조는 동일종족인즉, 이역(異域)이라고 할 수 없다."(『석주유고』)

그러나 현실은 막막했다. 예상보다 겨울 추위가 혹독하고 농지는 비좁았다. 토착민들의 외래인에 대한 시선은 곱지 않았다. 이상룡과 일가는 이같은 환경에 적응하며 살림터를 일궈야 했다.

이즈음 신민회의 멤버인 이회영 6형제가 역시 솔가하여 유하현 삼원포의 추가가에 자리 잡았다. 또한 같은 안동 출신 김동삼을 비롯하여 독립운동에 큰 인물들인 이동녕, 김창환, 여준, 주진수 등이 속속 모여들었다.

생존 자체가 어려운 환경이지만 이들은 1911년 4월 삼원포 대고산에서 이주 동포 300여 명이 모여 노천대회를 열었다. 국내에서 신민회 등 계몽운동 단체에 속했던 이들이어서 이주 동포들이 함께 참여하는 일종의 군중대회(노천대회)를 열고 향후 과제를 논의한 것이다. 이 대회에서 서간도지역 최초의 한인자치기관인 경학사 설립에 합의한다. 경학사는 이후 독립운동 단체의 모태 역할을 하였다.

여기서 논의한 내용은 첫째, 민단적 자치기관의 성격을 띤 경학사를 조직할 것. 둘째, 전통적인 도의에 입각한 질서와 풍기를 확립할 것. 셋째, 개농주의(皆農主義)에 입각한 생계방도를 세울 것. 넷째, 학교를 설립하여 주경야독의 신념을 고취할 것. 다섯째, 기성군인과 군관을 재훈련하여 기간장교로 삼고 애국청년을 수용하여 국가의 동량인재를 육성할 것 등이 합의되었다.

5개 항에 뜻을 모은 이날 노천대회는 이어서 경학사 사장에는 이상룡을 추대하고 내무부장 이회영, 농무부장 장유순, 재무부장 이동녕, 교무부장 유인식을 선출하였다.

경학사는 이름 그대로 낮에는 농사를 지어 주민들의 생계를 도모하고 밤에는 공부하는 곳이었다. 다만 '밤의 공부' 중에는 야간 보행을 비롯하여 군사훈련이 따랐다는 점이 달랐다. 낮에 군사교련을 하다가는 중국 측의 공연한 오해를 살 것이기에 야간을 택해 실시한 것이다.

경학사를 설립하면서 〈경학사 취지서〉를 발표하여 조국광복의 방략을 내외에 반포하였다. 취지서는 사장인 이상룡이 집필한 것이다.

〈경학사 취지서〉의 주요 내용은 다음과 같다.

첫째는 경술국치 이전 한국의 역사를 설명하였다. 유구한 역사를 지닌 한민족은 문화민족이며 끊임없이 이민족의 침입을 받았으나 피의 항쟁을 전개하여 물리치고 오늘에 이르렀음을 강조하였다.

둘째는 한민족이 나라를 잃어 생존의 터전이 없어졌음을 한탄하고 그 책임은 민족 개개인에게 있음을 지적하였다. 따라서 이 절박한 시기에 국권을 회복하기 위해서는 자결과 같은 소극적인 방법은 침략자 일제에게 유리함을 줄 뿐임으로 그리스가 터키로부터 독립하였듯이 무장투쟁의 방법으로 독립을 쟁취할 것을 호소하고 있다. 그 방략은 삼태기로 흙을 날라 태산을 만들 듯이 점진적인 방법으로 목표를 달성하자고 주장하였다.

셋째는 민족 구성원 모두가 스스로 와신상담해 힘을 길러 독립 전선에 앞장 설 것을 주장하였다.

넷째는 재만 한인들이 이와 같은 정신으로 경학사를 중심으로 단결하면 기필코 조국광복을 달성할 수 있을 것이라고 확언하고 있다.

〈경학사 취지서〉의 일부를 소개한다.

"뜻이 있고 마음이 있으면 귀신도 부릴 수 있지만, 비록 영웅이라 할지라도 팔짱끼고 가만히 있으면 상제의 노여움을 살 것이다. 그러니 우리 산하를 향해 슬퍼 노래하면서 탄식하고 눈물 흘리며 장강에 임해 맹세하기를 국가가 깨끗하지 않으면 고국에 돌아가지 않으리라. 언어가 다르다고 하나 그래도 동족들이니 우리를 의심하지 않으며, 사정을 다 말하기 어렵고 때로는 동병상련하지 못하는 바도 있으나 희망을 양식으로 삼으면 음식을 배불리 먹을 것이며, 곤란을 초석으로 삼으면 마침내 집을 건축할 것이다.

이에 남만주 은양보(恩養堡)에 여러 사람들의 뜨거운 마음을 합해 하나의 단체를 조직하니 이름을 경학사(耕學社)라 한다. 경(耕)이라 하는 것은 다만 인명을 보전시켜 줄 뿐만 아니라 민지를 개발하는 것이기에 경(耕)과 공(工)과 상(商)은 비록 다르지만은 통틀어서 실업계의 부속으로 하는 것이다. 그리고 체력과 덕력을 겸비케 함으로써 스스로 가르침의 과조(科條)를 만들게 되는 것이다.

앞길이 너무 멀다고 근심하지 말지어다. 한걸음이 끝내는 만리길을 가게 하는 것이다. 규모가 이제 만들어짐을 슬퍼하지 말 것이니 삼태기의 흙이 쌓여 태산이 되는 것이다."(『석주유고』)

척박한 환경, 경학사 중심의 한인사회 구축

경학사를 중심으로 뭉친 한인들은 척박한 만주의 땅을 개간하여 삶의 터전을 마련하고, 국내에서 애국정신을 가진 동포들을 더욱 불러들이며 한인사회의 기반을 일구어 나갔다. 경학사 회원들의 노력으로 이후 삼원포에는 많은 애국동포들이 모여들기 시작했다. 게다가 신민회 출신의 민족지도자들 뿐만 아니라 각계의 지도자들도 속속 도착하여 한인사회를 이끌기 시작하였다.

항일의병전을 전개했던 의병장들과 의병들의 한 부류로 이진룡, 조맹선, 박장호, 조병준, 전덕원 등과 일본 육군사관학교에서 신식교육을 받은 인물들로 노백린, 임재덕, 이갑, 김광서, 지청천 등이다. 이들 민족운동계 지도자들은 신민회 회원 출신의 지도자들과 힘을 합해 이주한인의 자제들에게 민족교육을 시키는 한편 한인사회를 이끌어 나갔다.[5]

---

5   윤병석, 「경학사」, 『한국독립운동사사전(3)』, 210쪽, 독립기념관, 2004.

척박한 이국땅에서 경학사의 운영은 말처럼 쉽지가 않았다. 가르치는 사람들이나 배우는 사람들의 열정과 애국심은 높았으나 주변 상황은 이를 감내하기 어려웠다. 첫해 1년간은 각자 국내에서 가지고 온 돈으로 운영이 가능했으나 자금은 곧 바닥이 나고, 설상가상으로 그해 농사는 대흉작을 면치 못해 이주한인들의 고통은 이만저만이 아니었다. 그야말로 초근목피로 연명하기에 이르렀다.

경학사를 중심으로 이루어진 서간도의 한인사회는 1년간은 이회영 일가가 가지고 온 돈으로 지탱해 나갈 수 있었다. 국내에서 모여든 대다수의 한인들은 거의 가진 것 없이 이 지역에 당도하였기 때문에 그들 모두가 이회영 일가의 자금에 의존할 수밖에 없는 실정이었다. 그런 이유로 이회영 일가가 가지고 온 자금이 상당한 것이기는 하였으나 한인사회 전체를 계속해서 유지할 만큼은 되지 못하였다. 게다가 불행하게도 척박한 만주 땅을 개간해 지은 첫해의 농사는 대흉작을 면치 못하였다.

가을걷이를 제대로 하지 못한 한인들은 생존을 위해 다음해 봄까지 남겨두어야 할 씨종자 마저 식량으로 먹어야 했다. 그래도 식량이 부족하여 사람들이 풀뿌리와 나무껍질을 먹으며, 제대로 식수를 구할 수 없어 나무뿌리에 고인 물을 먹었다가 지독한 풍토병에 걸려 목숨을 잃기도 하였다.[6]

만주 이주 초기 독립운동가들과 그 가족들은 필설로 다하기 어려운 형편이었다. 가족캠핑 온 것이 아니라는 것은 자신들도 알고 있었지만 이토록 척박한 상황일지는 미처 예상하지 못했을 것이다.

이상룡의 손부 허은 여사의 증언 몇 대목을 소개한다.

"고향에서는 양반이라고 말 고삐 잡고 경향간 내왕이나 하며 글이나 읽던 분들이 생전 해 보지도 않고 특히 듣거나 본 적도 없는 화전 농사를 직접 하자니 마음대로 잘 될 리가 없었다. 몸은 고달프기 짝이 없었다. 그해 가을에 거둬들인 식량은 겨우 가을 한 철 먹고 나니 다 떨어졌다. 다음 농사지을 때까지 지낼 일이 한심했다."

"식수로는 도랑물을 먹었다. 도랑가에는 가래추자나무(호두나무)가 많이 자라고 있었다. 나무가 커 호두 열매도 아주 많이 열렸다. 그런데 그해 오뉴월이 되자 그 동네 사람들 모두가 발병했다. '수토병'이라고도 하고 '만주열'이라고도 했다. 물 때문에 생긴 전염병 같았다. 원래 가래추자나무 있는 곳은 물이 좋지 않다는데 그 물을 먹어서 그랬던지 아무튼 석달 간 병이 돌았다."

---

6 윤병석, 앞의 책, 211쪽.

"좀 더 나은 세상에서 살아 보겠다고 고생고생하면서 만주까지 왔다가 죽어 간 사람들 생각하면 참 허망하다. 특히 어린 아이들의 죽음은 그 부모들 가슴에 못질을 한 것이다."

"모두가 병을 앓는 바람에 그렇게 힘들게 개간해서 뿌렸던 농사를 묵혀 놔 가을에 거둬들일 것이 없었다. 폐농하고 나니 당장 겨울부터 양식이 없었다. 집집마다 할 수 없이 고국에서 떠나 올 때 가져 온 옷감들을 만주 사람들에게 내다 팔았다. 그 돈으로 좁쌀을 사서 죽을 쑤어 끼니를 이어갔다. 은가락지, 은잠(비녀) 같은 패물들도 다 그렇게 했다."[7]

---

7 구술 허은, 기록 변창애, 『아직도 내 귀엔 서간도 바람소리가』, 515-523쪽, 정우사, 2003.

경학사 부설 신흥강습소 설립

이상룡과 민족지도자들은 경학사의 운영이 어려운 중에도 경학사 부설로 신흥강습소를 설립하여 동포자녀들의 군사교육을 서둘렀다. 경학사가 민단적인 성격을 띤 자치기관이었다면 신흥강습소는 독립군의 양성을 목적으로 하는 교육기관이었다. 신흥강습소는 무관학교 설립을 위한 전단계로 설립되었다.

지방 토착민들이 한인과 이주민들을 일본의 앞잡이로 보면서 교사(校舍)를 구입하기 어려웠으나 한 주민의 옥수수 창고를 임시로 빌려 개교식을 거행하였다.

경학사 안에 학교를 설립하였는데, 그 이름을 신흥학교라 하였으며 본과와 특과의 두 과정을 두었다. 본과는 보통 중학 과정이었는데, 교사로 장도순, 윤기섭, 이규봉과 중국인 모씨 등이 정해졌고, 특과는 군사학을 전수하는 과정으로서 교두(敎頭)에 이관직, 대장에 이장녕 두 사람이 각각 임명되었으며, 학교장에는 이철영이 추대되었다.[8]

신흥강습소의 교사는 토착민들의 오해가 풀리면서 합니하 강 북쪽 언덕 위에 신축하였다. 각 학년별로 널찍한 강당과 교무실이 마련되고 병영사(兵營舍)도 마련하였다. 내무반에는 사무실, 편집실, 숙직실, 나팔실, 식당, 취사장, 비품실이 구별되어 있었고, 생도들의 성명이 부착된 총가(銃架)가 별도로 설치되어 있었다.

신흥강습소는 1911년 5월 교사 낙성식을 갖고 학교 명칭도 신흥중학으로 개칭하였다. 그리고 4년제 본과와 6개월 또는 3개월 과정의 속성과를 병설하여 국내외에서 찾아오는 젊은 인재들을 교육 훈련시켰다.

신흥강습소에서는 교가를 제정하여 민족의식을 고취시켰다.

제1절
서북으로 흑룡태원 남의 영절의
여러만만 헌원자손 업어기르고
동해 섬 중 어린것들 품에다 품어 젖-먹여 준-이가 뉘뇨.

후렴
우리우리 배달 나라의
우리우리 조상들이라

---

8 이관직, 『우당 이회영실기』, 156쪽, 을유문화사, 1985.

암흑기의 선각 석주 이상룡 평전

그대 가슴 끓는 피가 우리 핏줄에

촬 - 촬촬 걸치며 돈 - 다.

제2절

장백산 밑 비단 같은 만리 낙원은

반만년래 피로지킨 옛집이어늘

남의자식 놀이터로 내어 맡기고

종 설움 받-느니 뉘-뇨.

후렴

우리우리 배달 나라의

우리우리 자손들아

가슴치고 눈물뿌려 통곡하여라

지-옥의 쇳-문이 온다.[9]

(3절 생략)

신흥강습소는 운영기금의 어려움 등 난관 속에서도 1911년 12월 제1회 특기생으로 김연, 변영태, 성준식 등 졸업생 40여 명을 배출하였다.

---

9 박환, 「신흥강습소」, 『한국독립운동사사전(5)』, 354쪽, 독립기념관, 2004.

강습소의 운영은 당초 양기탁 등의 국내 모금과 이석영에 의하여 운영될 계획이었으나 이른바 105인 사건으로 국내 모금이 중단되고 말았기 때문에 전적으로 이석영에게 의존할 수밖에 없었다. 그러나 이석영의 재산도 곧 고갈되고 말았다. 그러므로 신흥강습소를 유지하기 위해서는 재만 동포들의 기부금에 의존할 수밖에 없는 상황이었다. 그런데 1911년에 서간도 지역에는 풍토병이 만연하고 가뭄과 서리 등 천재까지 겹쳐 동포들의 농사에 치명적인 피해를 주었으며, 신흥강습소 유지가 어려운 상황에 이르고 있었다.

　　이러한 상황에서 김창환, 윤기섭 등은 학교를 유지하기 위하여 구걸을 해야 하는 역경을 감내할 수밖에 없었다. 이후 1912년부터 풍년이 들기 시작하자 여준, 이탁 등을 중심으로 하여 신흥학교 유지회를 조직하였으며, 이 단체를 중심으로 각 지방에 재정을 각출하여 신흥강습소의 경비를 충당하고자 노력하였다.[10]

10　앞과 같음.

4부
만주에 세운 교육, 협동기관

이상룡과 한인지도자들은 이주한인이 많아지면서 퉁화시엔(通化縣)을 중심으로 서간도 일대에 본격적인 독립운동기지를 건설하고자 서둘렀다. 경학사가 해체된 이후 한인사회의 자치와 산업의 향상을 지도할 새로운 조직의 필요성이 대두되었다. 1912년 가을 부민단(扶民団)이 조직되었다. "부여의 옛 영토에 부여의 후손들이 부흥결사를 세운다는 뜻"이 담겼다.

광업사에 이어 자신계 조직

이상룡은 경학사와 신흥강습소를 설치한 데 이어 광업사(廣業社)를 조직하여 수전(水田) 개간을 통한 동포사회의 농업발전의 기반을 구축하고자 하였다. 문제는 토지는 물론 황무지라도 한인 이주민이 개발하기가 쉽지 않았다. 향후 독립군관을 양성하는 무관학교를 세우기 위해서는 많은 동포들이 이주하고, 여기에 필요한 농지가 필요했다.

성재 이시영의 역할이 컸다. 6형제와 함께 망명하여 이곳에 터를 닦았던 그는 중국총통 위안스카이를 만나 문제를 해결하였다. 중국인들의 오해가 쉽지 않자 이시영은 베이징으로 가서 한국에 있을 때 친밀했던 위안스카이(遠世凱)와 중국 총통에게 사정을 설명하고 그의 도움을 받아 중국인들의 오해를 어느 정도 풀 수가 있었다.

이시영은 대한제국 외부에 있을 때 위안스카이와 자주 만났다. 당시 그는 청국의 실력자 이홍장의 명을 받아 총리외교통상사의가 되어 조선에 머물면서 내정과 외교를 간섭하는 한편 청나라

세력을 심어 일본에 대항했다. 청일전쟁에서 패한 뒤 귀국하여 1906년 이홍장이 죽은 후 그의 뒤를 이어 북양대신이 되고, 1911년 신해혁명 후에는 총리대신이 되어 손문과 손을 잡고 중화민국 초대 대총독으로 자리잡고 있었다.

이상룡과 이시영 등이 만주에서 신흥강습소에 이어 신흥무관학교를 세우고 운영하는 데는 위안스카이의 도움이 적지 않았다.

이상룡은 한인들의 토지매입이 용이해진 상태에서 광업사를 조직하여 수전 개간을 통한 동포들의 농업 발전을 도모한 데 이어 자신계(自新契)를 조직하여 이주민들의 실업 활동을 진작시켜 현지 한인사회의 경제적 자립을 도모했다. 장차 독립군관학교를 운영하기 위해서는 경제적 자립이 선행되어야 했기 때문이다.

그는 〈자신계 취지서〉를 통해 교포들의 인식 변화와 참여를 촉구했다. 내용에서 확연히 달라진 그의 세계관을 읽을 수 있다. 그는 이미 고식적인 동도서기론(東道西器論)이나 구본신참(舊本新參) 또는 법고창신(法古創新) 수준을 뛰어넘는 인식을 하고 있었다.

자신계 취지서

이윤(伊尹)이 이르기를, "새로운 것을 쓰고, 묵은 것은 버린다" 하였다. 오늘날은 바로 일대 변환의 국면이다. 풍조에 떠밀려 옛 것 치고 새롭게 되지 않은 것이 없거니와, 그 중에서도 먼저 새로워진 것은 무대를 점거하여 우등이 되고 승리를 하는 반면에, 뒤늦게 새로워진 것은 하풍(下風)으로 물러 앉아 열등이 되고 패배를 하게 되니, 이는 자연스런 법칙이다.

새로워지는 것에는 두 가지의 도가 있다. 자신으로부터 새로워진 것은 새로워질 권한이 내게 있다. 그러므로 선택하고 취사하여 그 완전함을 다할 수 있다. 다른 사람에 의해 새로워진 것은 새로워지는 권한이 다른 사람에게 있다. 그러므로 속박되고 내몰리어 그 자유를 잃어버리는 것을 면할 수 없게 된다. 한 나라에 있어서도 또한 그러하고, 한 사회에 있어서도 또한 그러하다. 새로운 사업에 뜻이 있는 자가 깊이 생각하지 않을 수 있겠는가?

우리들은 묵은 사람들이다. 오직 옛것이 있다는 것만 알고 새로운 것이 있다는 것을 모르다가, 하루아침에 강한 무리들을 만나게 되어 하는 일마다 꺾이고 패하여 화망(禍網) 속에서 남은 목숨이 되어 지방을 떠돌게 되었다. 일단 발을 들어 보면 전장(戰場)이 아닌 곳이 없다.

풍상에 단련되고 운회(運會)에 부딪히다 보면, 새로운 것도 또한 새롭게 되고, 새롭지 못한 것도 또한 새롭게 된다. 남을 따라 행동하여 허수아비 같은 상태가 되기보다는, 차라리 조종대(操縱臺)가 내게 있어서 남자다운 정신을 지니는 것이 낫다.

저 중국을 보지 못하였는가? 지난날의 진부함이 어떠하였던가? 그런데도 한 번 스스로 혁신한 이후로는 국세가 점차 신장되어 민기(民氣)가 점점 견고해지니, 이는 우리들이 가장 흠탄해야 할 바이다. 『맹자(孟子)』에 이르기를, "다른 사람과 같지 못함을 부끄럽게 여기지 않는다면, 다른 사람과 같은 것이 무엇이 있겠는가?" 하였고, 또 이르기를, "부끄러움이 없음을 부끄러워한다면, 부끄러워 할 일이 없을 것이다." 하였으니, 별난 사람이 없으면, 괴이한 일도 없게 될 것이다. 아아! 우리 한인들은 노력하고 새롭게 하기를 오직 중국처럼 하여야 할 것이다.[1]

옥수수 창고에서 시작했던 경학사가 합니하(哈泥河)로 옮겨 교사를 신축하고 교명을 신민회의 '신(新)'자와 다시 일어난다는 '흥(興)'자를 붙여 '신흥강습소'라 지었다.

신흥강습소 교사는 토착민들의 오해가 풀리면서 합니하 강북 쪽 언덕 위에 신축할 수 있었다. 각 학년별로 널찍한 강당과 교무실이 마련되고 병영사(兵營舍)도 신축하였다. 내무반에는 사무실, 편집실, 숙직실, 나팔실, 식당, 비품실이 구별되어 있었고 생도들의 성명이 부착된 총가(銃架)가 별도로 설치되었다.

신흥강습소는 1911년 5월 교사 낙성식을 갖고 교명도 신흥중학으로 개칭하였다. 그리고 4년제 본과와 6개월 또는 3개월 과정의 속성과를 병설하여 국내외에서 찾아오는 젊은 인재들을 교육

---

1 이상룡, 『석주유고(상)』, 628쪽, 안동독립운동기념관 편, 2008.

훈련시켰다.

신흥강습소는 자금난 등의 난관 속에서도 1911년 12월 제1회 특기생으로 김연, 변영태, 성주식 등 졸업생 40여 명을 배출했다.

강습소는 당초 양기탁 등의 국내 모금과 이석영의 재산으로 운영할 계획이었으나 이른바 105인 사건으로 국내 모금이 중단되고 말았기 때문에 전적으로 이석영에 의존할 수밖에 없었다. 그러나 이석영의 재산도 이내 고갈되고 말았으므로 재만 동포들의 기부금에 의존할 수밖에 없는 상황이었다. 그런데 1911년에 서간도 지역에는 풍토병이 만연하고 가뭄과 서리 등 천재까지 겹쳐져 동포들의 농사가 치명적인 피해를 입어 신흥강습소는 더 이상 유지가 어려운 상황에 이르고 있었다.

경영의 어려움 속에서도 교사, 학생들은 조금도 움츠러들지 않고 민족의식을 고취시키는 교가를 부르면서 교육과 훈련에 매진하였다. 다음은 교가 1절이다.

신흥강습소 교가

서북으로 흑룡태원 남의 영절의
여러 만만 헌원자손 업어기르고
동해 섬 중 어린것들 품에다 품어
젖 — 먹여 준 — 이가 뉘뇨.

우리우리 배달나라의

우리우리 조상들이라

그네 가슴 끓는 피가 우리 핏줄에

쫠—쫠쫠 결치며 돈—다.[2]

2   박환, 「신흥강습소」, 『한국독립운동사사전(5)』, 354쪽, 독립기념관, 2004.

부여 옛 땅에 후예들이 부민단 창설

경술국치 이후 많은 한국인들이 만주로 옮겨왔다. 왜적의 종살이를 거부하는 우국충정의 이주민들이 있었고, 그냥 먹고살기 위해 떠나온 유랑민들도 있었다. 다달이 다르게 이주동포 숫자가 늘어나면서 곳곳에 한인촌이 생겼다. 허은 여사의 기록이다.

만주의 허허벌판은 이때부터 흰옷 입은 우리 민족들로 하얗게 덮여 갔다. 멀리서 서로 쳐다만 봐도 든든했다. 이렇게 되자 애국지사들이 한인자치단체를 만들어 엄중한 규율을 세우고 학교도 세웠다. 일본에 빼앗긴 나라를 도로 찾을 때까지 만주땅에다 한 개의 작은 나라를 만들어 운영한 셈이었다.

소학교는 거리 따라 많이 세우고 중학교는 드문드문 세웠다. 자연히 집과 거리가 먼 사람이 많았지. 집이 멀거나 다른 지방에서 온 학생들은 애국지사들이 각 집에 나누어 맡아 하숙을 시켰다. 우리나라 사람 자식 가르치는 일에 대한 열성은 그때도 여전해서 여기저기에 크고작은 교육기관들이 많이 생겨났다. 어쨌든 많이 배워야 사람된다고 했다.

서간도에만 해도 학교가 200여 개는 된다고 들었다. 북간도에
도 서간도 못지않게 학교들이 세워졌다고들 했다. 북간도는 서간
도보다 더 진보적이라고 들었다. 동흥중학교, 대성중학교 등이 들
어 본 이름들이다.[3]

이상룡과 한인지도자들은 이주한인이 많아지면서 풍화시엔(通
化縣)을 중심으로 서간도 일대에 본격적인 독립운동기지를 건설
하고자 서둘렀다. 경학사가 해체된 이후 한인사회의 자치와 산업
의 향상을 지도할 새로운 조직의 필요성이 대두되었다. 1912년
가을 부민단(扶民團)이 조직되었다. "부여의 옛 영토에 부여의 후
손들이 부흥결사를 세운다는 뜻"이 담겼다. 이와 다른 의미의 기
록도 있다.

'부민단'을 처음 창설하기는 성산어른(性山은 허로(許魯)의 호, 왕산
허위의 동생, 의병투쟁에 이어 만주로 망명하여 활동 중이었다.―필자 주)이 하
셨다. 신흥무관학교의 창립 핵심인물인 석주 어른과 이회영 형제
분이 만든 '경학사'가 발전적으로 해체되고 조직을 더 강화하여
새 단체를 만들려고 할 때였다.

---

3 허은, 앞의 책, 67쪽.

성산 할아버지가 식구들 다 있는 자리에서 "새 단체 이름을 뭘로 하면 좋을까" 하셨다. 옆에 계시던 왕산 할머니께서, 그러니까 성산 어른의 제수씨가 "부민단이 어떻겠는가? 백성을 부양한다는 뜻으로"라고 하자 다들 좋다고 하여 그 이름이 지어졌다. 2대 단장은 석주 어른이 했다고 들었다. 나중에 석주 어른께 들으니 백성을 부양한다는 뜻도 의미 깊은데다 만주땅에 세운 부여(扶餘)민족, 즉 우리 민족의 단체라는 의미도 된다고 하셨다.[4]

부민단은 본부를 통화시엔 합니하(哈泥河)에 두고 활동하였다. 초대 총장은 의병장 허위(許蔿)의 형인 허혁(許赫)이 맡았으며, 곧이어서 이상룡이 선임되었다. 부민단에는 서무, 법무, 검무(檢務), 학무, 재무 등의 부서가 있었으며, 중앙과 지방의 조직이 마련되어 있었다. 중앙에는 단장 1인과 각 부서 주임을 두었다. 지방에는 천가(千家) 및 큰 촌락에 조직되며 천가장(千家長) 1인을 두었다. 구(區)에는 약 1백가(百家)로 구단(區團)을 설치하여 구장(區長) 혹은 백가장(百家長) 1인을 두었다. 그리고 패(牌)에는 10가호(家戶)에 패장(牌長), 혹은 십가장(十家長)을 두었다.

1914년 류허시엔 부민단의 경우 현(縣) 내를 4개의 구로 나누어 제1구 부민단은 대사탄(大沙灘)에, 제2구 부민단은 대화사(大花

4　앞의 책, 82쪽.

암흑기의 선각 석주 이상룡 평전

斜)에, 제3구 부민단은 대두자구(大肚子溝)에 그 소재지를 두었다. 한편 제4구 부민단의 경우 존재는 확인할 수 있으나 소재지는 알 수 없다. (중략) 부민단의 표면적인 사업은 재만 한인의 자치를 담당하고 재만 한인사회에서 발생하는 일체의 분쟁을 재결(裁決)하는 것과 재만 동포들을 대신하여 중국인 또는 중국관청과의 분쟁사건을 맡아서 처리해 주는 것, 재만 한인학교의 설립과 운영을 맡아 민족교육을 실시하는 것 등이었다.

이러한 활동의 궁극적인 목표는 재만 한인의 토대 위에 독립운동기지를 건설하고, 독립전쟁을 위한 준비를 하는 것이었다.

한편 부민단에서는 신흥강습소를 통하여 독립군의 양성에도 힘을 기울였다. 신흥강습소의 이러한 활동은 그 지역 토민들의 오해의 대상이 되었다. 이에 부민단에서는 "나의 동포 잃었으니 이웃 동포 내 동포요", "나의 형제 잃었으니 이웃 형제 내 형제라"라고 하는 표어를 내걸고 토민들에게 양해를 구하였다.[5]

5　박환, 「부민단」, 『한국독립운동사사전(3)』, 626-627쪽.

중국 정부 당국에 공한 보내

이상룡은 부민단을 한인 이주민들의 자치, 신흥기관으로, 그리하여 종국적으로는 무장독립군 양성소로 만들고자 노고를 아끼지 않았다. 위안스카이의 도움으로 중앙정부 차원에서는 어느 정도 해결이 되었으나 지방정부에서는 여전히 풀리지 않는 부문이 적지 않았다. 또한 중국은 1911년 신해혁명을 계기로 권력분립 구조가 이루어지고 있었다.

그는 1913년 초 〈중화민국 국회에 제의하는 글〉을 중국 당국에 보냈다. 자신을 유하현의 한인을 대표하는 '국민회장'의 직함을 사용하여 현안을 해결해 달라고 다섯가지를 요청했다.

첫째, 정치적 권리로서 민적(民籍)을 허용해 양국 국민 간의 경계심을 없애고, 자치권을 허용해 줄 것이며, 유능한 인재를 선발해 중국 측이 개최하는 회의에 참석할 수 있도록 해줄 것.

둘째, 재산권을 보호해주고, 황무지를 개간할 수 있는 권리를 줄 것. 한국인들이 이주할 당시 만주는 사실 수많은 토지가 황무지였다. 특히 수로를 끼고 있는 습지는 거의 모든 땅이 황무지였다. 그것은 만주에 거주하고 있는 한인들이 개발한 논이다. 이를 인정해 달라.

셋째, 학교의 설립과 운영을 인정해 줄 것.

넷째, 교민들의 군사훈련을 허락해 줄 것.

이상룡은 이 글에서 든 다섯 번째 이유로 "만주는 밖으로는 일본과 러시아가 엿보고 있고 안으로는 도적떼들이 횡행하다 보니, 위태로운 마음으로 거의 조석을 보장하기 어려울 지경입니다. … 우리가 만약 위무하여 품어주고 함께 방어한다면 한 배에서 바람을 만난 형제라서 반드시 사력을 다하여 노고를 아끼지 않을 것입니다"라고 상호 협력의 효과를 제시했다.

이어서 중국이 한인 이주민들에게 거주허용과 사유재산의 보호 등 방안을 들었다.

1. 그 의관(衣冠)을 금지하여 그 형모(形貌)를 식별할 수 없게 만든다.

2. 민적(民籍)에 드는 것을 허락하여 그 국계(國界) 및 족계(族界)를 없앤다.

3. 그 재산을 보호하여 대국이 은혜에 감동하게 한다.

4. 황무지의 개간을 허락하여 토지를 개간한 이익을 거둔다.

5. 그 학교를 관리하여 교육의 정신을 격려한다.

6. 그 자치를 허락하여 교민의 협잡(挾雜)을 방지한다.

7. 그 중 재지(才智)가 있는 자를 선발하여 국회에 참여할 권리를 동등하게 누리게 한다.

8. 그 중 충용이 있는 자를 장려하여 훗날 방어할 때의 수요에 대비한다.[6]

이상룡은 여기에 그치지 않고 〈유하현 지사에게 민적에 편입시켜 주기를 청하는 정문〉을 세 차례 보냈다. 세 차례나 거듭하여 정문을 보낸 것은 주지사가 자주 바뀌었기 때문이다. 망명자나 이주민들에게 민적(국적)은 심각한 현안이었다. 민적이 없으면 토지나 주택을 구입할 수 없었다. 또한 악질 관리나 부랑배들로부터 갖은 협박과 갈취를 당하기도 하였다. '정문'의 몇 대목이다.

동번의 유족으로서 국난을 만났으나, 용기는 안중근이 적을 쏜 것에 미치지 못하고, 지혜는 민영환이 할복한 것에 미치지 못한지라, 구차하게 목숨을 영위하면서 중화와 조선이 강역은 비록 다르지만 저 기성(箕聖)이 동쪽으로 건너온 뒤로부터 관계가 자별하기 때문입니다.

6 「중화민국 국회에 제의하는 글」, 『석주유고(상)』, 549쪽.

표류하는 배와 같은 신세라 머물러 정박할 곳 없이 수년 동안 회인과 통화 사이를 방황하였습니다. 선통(宣統) 3년(1910)에 이르러 비로소 합방 소식을 듣게 되니 천지가 캄캄하여 돌아갈 희망이 영원히 단절되었습니다. 저희들은 마침내 눈물을 뿌리면서 서로 고하기를 우리들의 조국은 비록 망했지만 모국이 상존하고 있으니, 와신상담할 곳은 이곳이 그곳입니다.

그리하여 본 현(縣)이 경내에 가옥을 임차하고, 머리를 깎고 복장을 바꾸면서 먼저 고향을 그리워하는 마음을 끊고, 이어서 민적에 들기를 청하였는데, 현조(縣照, 현에서 발급하는 공문서)를 받기에 이른 자는 약간인이었습니다. 그때 미처 현조를 받지 못한 자들이 다시 지난 봄에 일제히 명단을 제출하고 겸하여 상부에 회보하기를 청하면서 거두어 주는 은혜를 입기를 바랍니다.[7]

---

7 앞의 책, 549-550쪽.

일제의 토지수탈, 만주이민 급속증가

일제는 병탄과 함께 가장 먼저 토지수탈작업에 착수하였다. 조선총독부는 1910년 8월 30일 제령(制令) 제2호로 토지조사령을 발표하여 전국적인 토지조사사업을 벌였다. 토지조사령 제4조는 "토지소유자는 조선총독이 지정하는 기간 내에 그 토지의 시위 경계에 지목자 번호, 씨명 등을 기입한 표목(標木)을 수립해야 한다"라고 하였다. 즉 길이 4척 이하의 말뚝에 군, 면, 리, 평(坪), 자호(字號), 지번, 지목, 두락수, 결수(結數), 소유자, 관리자, 소작인의 주소와 성명을 기재한 다음 그 말뚝을 1척 이상 땅속에 박도록 한 것이다.

조선에서는 오래 전부터 토지 거래나 소작 관계를 특별히 문서로 하는 경우가 드물었다. 당사자가 구두로 약정하고 마을에서 이를 인정하면 되는 불문율이 있었다. 그런데 총독부의 이런 조처는 농민들에게는 생소한 뜻밖의 일이었고, 관보에나 실린 토지조사령의 내용을 아는 농민은 그리 많지 않았다. 이러한 상황에서 일제 관리들은 욕심나는 땅이거나, 소유주가 서류상으로 불명한 토지와 임야, 하천부지는 총독부 소유의 말뚝을 깎아서 박았다. 이렇게 하여 빼앗은 땅이 전국적으로 수천만 평이나 되었다. 농민들은 옛날의 관례만 믿고 있다가 하루아침에 땅을 빼앗긴 경우가 수두룩하였다.

일제는 병탄 전인 1908년 우리나라 산업자본의 조장과 개발을 위한다는 명분으로 이른바 제국의회에서 국책회사로 동양척식주식회사를 설립하였다. 서울에 본점을 두고 1천만 원(圓)의 자금으로 설립한 동양척식주식회사는 우선적으로 조선인의 토지를 사들이는 일에 착수했다. 그래서 1913년까지 4만 7148정보의 토지를 매수하고 1914년에는 전라도, 황해도의 비옥한 전답을 강제로 사들였다. 이리하여 1924년에는 6만 591정보의 토지가 동양척식주식회사 소유로 바뀌고, 정부 소유지 1만 7714정보까지 출자받아 동양척식주식회사는 막대한 토지를 소유하게 되었다. 이와 같이 강점한 토지는 소작농민에게 5할이 넘는 고율의 소작료를 징수하는 한편, 영세 농민에게 빌려준 곡물에 대해서는 추수 때 2할 이상의 높은 이자를 현물로 받았다.

일제가 병탄과 동시에 1910년부터 1918년까지 대대적인 토지조사 사업을 벌인 것은 식민지적 토지제도를 확립하기 위해서였다. 일제가 이토록 토지조사사업에 열을 올린 이유는 첫째, 토지매매를 더 자유롭게 하여 이를 헐값에 사들이고, 둘째, 지세수입을 늘려 식민통치를 위한 조세수입을 증대시키고, 셋째, 국유지를 창출하여 조선총독부 소유지로 만들기 위한 것이며, 넷째, 광범위한 미개간지를 무상으로 점유하려고 하였으며, 다섯째, 일본 상업고리대자본의 토지점유를 합법화하려는 것. 여섯째, 강점 후 급증하는 일본인 이민자들에게 토지불하를 의도하고, 일곱째, 본격적인 미곡의 일본 반출을 위한 토지 제도를 정비하며, 여덟째, 일본 공업화에 따르는 노동력 부족 문제를 우리나라 소작농을 임금 노동자화 함으로써 충당하도록 하는 제도적, 구조적 기초를 마련하기 위해서였다.

조선총독부는 이와 같은 목적을 위해서 총독부 내에 임시 토지조사국을 설치하고 '무장조사단'을 편성하였다. 토지조사국 출장원, 경찰헌병, 면장, 이동장, 지주 총대, 주요 지주 등으로 구성된 무장조사단은 평균 12명으로 편성되어 전국을 분담하여 순회하면서 토지조사를 하도록 하였다. 무장조사단은 조선 농민들의 반발에 대항하기 위해서 권총과 대검으로 무장하고 망원경과 측량기를 들고 다니면서 조사를 실시하였다.

조선총독부가 토지조사사업의 구실 아래 농민의 경작지를 강압적으로 국유지에 편입하고 친일파나 일본의 소유로 만들어 갈취하자 농민들 사이에 광범위한 토지조사 분쟁이 생겼다. 조사 총필수 1910만 7520필 중에서 3만 3937건, 9만 9445필에 달하는 분쟁이 일어났다. 이 과정에서 수많은 농민이 일본 관헌에 붙들려가 심한 고문을 당하고 더러는 목숨을 잃었으며, 조상 대대로 일궈온 전답을 빼앗겼다.

조선총독부는 토지조사사업으로 임야까지 포함해서 1120만 6873정보를 국유지화했는데, 이것은 당시의 조선 국토 총면적의 50.4%에 해당하는 것이었다. 국유지는 모두 총독부의 재산으로 귀속하였다.

조선총독부의 토지조사사업으로 조선 농민의 대부분이 토지의 소유권은 물론 소작권을 상실한 채 반봉건적인 기생지주와 친일파, 일본인 지주의 소작농이 되거나 유이민화하고 더러는 임금노동자로 전락하였다. 그리고 소작농들은 고율의 소작료와 각종 세금으로 이중 삼중의 수탈을 당해야 했다. 이 같은 처지에서 만주 이민이 급속히 증가한 것이다.[8]

---

8   김삼웅, 『일제는 조선을 얼마나 망쳤을까』, 66~67쪽, 사람과 사람, 1998.

이주동포 많아지자 활력 '만주기사' 짓다

매년 봄 가을로 만주 동삼성 방방곡곡에 널린 한인부락에 수십
호씩의 이민이 쏟아져 들어왔다. 거의가 단봇짐에 짚신 몇 켤레,
바가지 하나 대롱대롱 차고 오는 행각이었다. 이들이 자리 잡히면
또 불러오곤 해서 만주땅은 우리 한인들에 의해 개척한 땅들이
부쩍부쩍 늘어났고, 한인들 수효도 엄청 늘었다. 아마 무오년(1918
년)과 기미년(1919년)에 가장 많이 왔을 것이다.[9]

일제의 억압과 수탈에 견디지 못한 동포들이 만주로 몰려왔다.
그동안 이상룡 등 지도자들이 중국 정부와 애써 이룬 성과가 나
타나고 있어서 이주민들의 정착이 수월해졌다. 부민단을 비롯 자
치단체들이 이들의 정착에 큰 도움이 되었다.

처음 도착하면 자치구에서 당번들이 나와 누구네 몇 가구, 또

---

9 허은, 앞의 책, 66쪽.

누구네 몇 가구를 배당해 준다. 배당받은 집에서는 가옥, 토지가 완전히 결정되어 정착할 때까지 먹여 주고 보살펴준다. 농력(農力)이 있는 이들은 1년이 지나면 모든 것이 생활 근거가 잡혀 다음 해엔 스스로 자작농을 하게 된다.[10]

만주에 한인이 많아진 것은 독립운동 지도자들이 기대했던 현상이었다. 곳곳에 한인학교가 세워지고 부민단의 지부와 같은 조직도 자생적으로 나타났다. 이상룡과 부민단 간부들은 생기가 돌고 활력이 넘쳤다. 그는 뒷날 이 시기를 「만주에서 겪은 일(滿洲紀事)」에서 다음과 같이 시로 엮었다. 무려 16연에 이르는 장시다. 원문은 한자, 번역한 내용의 전반부이다.

1
십오 년 전 압록강을 건널 제
사나이 장한 혈기 몸속에 충만 했었네
군대가 나라를 끌어가는 일 이제껏 무경험이라
삼도의 군사 전고 한 번에 무너지겠네.

---

10   앞과 같음.

2

추가가에서 결사하니 충심은 굳고
밭 갈고 배우는 일 취지 모두 완전했다
모든 정신 신흥학교에 쏟아 부어
양성한 군사 비호보다 날랜 오륙백.

3

세금 없는 청산이오 비옥한 토질
한 도끼에 생애 걸고 묵정밭 찍어 일구러
반 년 겨우 지나 벽질에 걸리니
신선술 배우기도 전 쌓이느니 주검만.

4

만주 사람들 논농사 지을 줄 몰라
거친 벌판 빌려 올벼 늦벼 파종했다
가을 되매 흰 쌀밥에 물고기 반찬
그제사 얼굴 볼그레 생기 돌아오다.

5

상위의 모래는 한 덩어리로 뭉쳐진 계책 없으매
우매한 백성 깨우쳐 이끌 책임 가볍지 않다

작은 지역 서로 단결케 함을 그대 비방 말라

먼저 나누고 나중 합하는 것이야 늘 있는 과정이라.

6

산간에 솟는 샘 깨우치고 기르는 건 고금이 같다

팔년토록 뛰고 닫듯 발전한 빼어난 우리 국민

소학 기관 서른 곳에

한때의 문화교육 또한 빛난다 할 만.

7

정부의 규모는 자치의 명분이요

삼권의 분립은 문명국을 닮음이라

우리는 안다 추녀 모모 서시 아니니

끝내 아름다운 자태 이루기 어려움 우습구나.

8

주식으로 신성호 재단을 세워

출납의 전권을 셈에 따라 맡겼다

봉함과 자물쇠 채우는 것 끝내 어찌 믿을까

장자의 거협편을 세 번이나 다시 본다.[11]

---

11 『석주유고(상)』, 215-217쪽.

5부
신흥무관학교

이상룡은 신흥무관학교 교장으로 재임할 때는 물론 퇴임 후에도 자신이 지은 『대동역사(大東歷史)』를 교재로 우리 역사를 강의하였다. "1913년 이상룡은 만주지역 독립운동계 만이 아니라 그곳으로 이주해 오는 동료들을 정신적으로 무장시키고자 역사서를 저술했는데, 이것이 바로 신흥무관학교의 교재로 사용된 것으로 전해진다. 중국인들의 압박을 견디면서 독립운동의 근거지를 마련하기 위해서는 무엇보다 '기(氣)'를 살려야 했다. 그는 『대동역사』를 편찬하였는데 이는 민족교육의 지침을 마련한 것이었다."

신흥무관학교 창설, 주지사 허가받아

서간도 지역 독립운동가들의 꿈은 무관학교를 세워 대일전쟁을 통해 왜적이 점령한 국토와 국권을 되찾는 일이었다. 신민회 계열 인사들의 열망은 한층 강렬했다. 자신들이 그곳으로 망명한 기본 이유였기 때문이다. 이상룡 역시 더하면 더했지 덜하지 않았다.

마침내 꿈이 이루어지고 있었다. 그동안 신흥강습소 등 '위장 간판'을 달았으나 이제는 중국정부의 양해로 당당하게 독립군 양성의 군관학교를 세울 수 있게 되었다.

이상룡이 유하현 지사에게 보낸 청원이 수용된 것이다.

신흥학교로 말씀드리자면 이는 저희들의 중등학당입니다.(이곳에) 소학(小學)의 설립이 수십 개소를 넘다 보니 매년 졸업을 하는 사람이 통틀어 백여 인이나 됩니다. 소학을 마치면 중등교육을 받지 않을 수 없는데, 이 때문에 전대 청나라 선통 연간에 이 학교를 제2구의 추가가에 설립하였고, 2년 후에 통화현 합니하로 이전했다가, 올 봄에 위치가 적절치 않다는 이유로 제3구의 고산자(孤山子)로 옮겨 왔습니다.

그 성격과 역사는 이와 같습니다. 그리고 체조 한 과목은 곧 세계 만국의 소·중학당에서 통용되는 것으로, 교내의 물품과 서류는 경찰에서 이미 사람을 파견하여 조사 하였으며, 구(區)의 관원 또한 친히 와서 검사하였으므로, 그 사이에 의심을 일으킬 만한 것도 없습니다. 그런데도 이제 듣기로 관령(官令)으로 장차 이 학교를 해산하고자 한다고 합니다.

대국이 이미 우리의 무고한 사람들을 불쌍히 여겨 토지 조세와 가옥 임대에 모든 은혜로운 조치를 취해 주셨습니다. 그런데 유독 중등교육은 허가치 않아 새로 자라나는 자제들로 하여금 지식을 계발치 못하게 한다면, 이는 공화의 선정에 흠결이 되는 것이 아니겠습니까? 삼가 바라건대 각하는 특별히 성념(盛念)을 베푸시어 이런 사유를 간곡하게 성공서(省公署, 성의 관공서)에 아뢰어 주소서. 그리하여 우리 신흥학교가 영원히 존속을 보장받고 한인의 자녀들이 소멸되는 것을 면하게 해주신다면 천만다행이겠습니다.[1]

1907년 7월 일제가 대한제국 군대를 해산한 지 5년 만인 1912년 봄, 만주 신안보에서 독립군관 양성을 목표로 신흥무관학교 교사 신축공사가 시작되었다. 극심한 흉년에도 이석영이 아껴두

---

1 『석주유고(상)』, 553-557쪽(발췌).

었던 돈을 꺼내고 이상룡 일가 등이 비축했던 돈을 보태어 천혜의 요새지로 알려진 통화현 합니하 신안보(新安堡)의 땅을 매입하였다. 토지 매입이 쉽지 않자 이회영이 동삼성 도독에게, 이상룡이 유하현 지사에게 청원하여 간신히 허락을 받아냈다.

이곳을 신흥무관학교 설립지로 택한 데는 까닭이 있었다. 이곳을 답사한 조선족 학자 강원룡의 기록이다.

주위가 고산준령으로 둘러싸인 분지에 남북 10리나 되는 평원이 있고 그 남쪽 끝이 논밭보다 약 30미터 정도 높게 덩실하게 언덕을 이루었는데, 언덕 위엔 20정보 가량 되는 구릉을 이루어 마치 합니하 '평원'을 연상케 했다. 군사적으로도 영락없는 요새였다. ……천연 무대와 서쪽 심산이 맞붙어 있기에 실로 난공불락의 요새라고 말할 수 있다.[2]

2   김명섭, 앞의 책, 55-56쪽, 재인용.

암흑기의 선각 석주 이상룡 평전

신흥무관학교 교장맡아 경영 책임

교사 신축 공사는 학생, 교사들과 동포 주민들의 손으로 이루어졌다. 초가을부터 내린 눈이 계속 쌓여 3월 하순까지 녹지 않고 꽁꽁 언 땅을 파고 볏짚을 섞어 토담을 쌓는 기초 공사였다. 공사는 7월에야 끝낼 수 있었다.

1912년 7월 20일(양력)에 100여 명의 동포와 중국인 수십 명이 지켜보는 가운데 낙성식이 조촐하게 거행되었다. 18개의 교실이 비밀을 지키기 위해 산허리를 따라 줄지어 있었고, 학년별로 널찍한 강당과 교무실, 내무반에는 기능별로 별도의 공간을 마련하였다. 훈련용 총기를 진열하는 총가(銃架)도 낭하에 비치되었다.

교장은 이시영을 시작으로 이동녕, 이상룡, 박창화, 여준, 이광 등이 차례로 맡았고, 교감은 김달, 윤기섭, 학감은 윤기섭, 이규봉 등이었다. 교관은 이관직, 이장녕, 김창환, 김흥 등이었고, 교사는 장도순, 윤기섭, 이규봉, 이정규, 이갑수, 김석영, 김순철, 이규룡, 여규형, 관환국(중국인) 등이었다. 교관 중에 이세영, 이관직, 이장

녕, 김창환, 양성환 등은 대한제국 무관학교 출신들이다.[3]

신흥무관학교에서는 군사교육은 물론 학생들의 민족정신 함양에도 주력하였다. 독립운동의 지도자를 양성하기 위해서는 민족의식과 우리나라의 역사, 국어, 지리 교육이 필요하다고 인식한 터였다. 교재를 보면『국어문전(國語文典)』이 교과서로 채택되고, 국사교재로는『대한역사』,『유년필독』등이 사용되었다. 이들 교과서와 교재는 1909년 국내에서 통감부가 발매금지시킨 책이다.

지리교재는『대한신지지(大韓新地誌)』와『배달족강역형세도(倍達族疆域形勢圖)』등이 활용되었다. 이밖에도 서전서숙과 경학사, 신흥중학교에서 교재로 채택되었던 수신, 독서, 한문, 이화(理化), 체조, 창가, 중국어, 물리학, 화학, 도화, 박물(博物), 중등용기법(中等用器法) 등 다양한 과목을 공부하였다.

신흥학교를 비롯하여 서전서숙, 협동학교의 교과과목을 정리하면 다음과 같다.[4]

_____

3 서중석,『신흥무관학교와 망명자들』, 119쪽(요약), 역사비평사, 2001.
4 서중석, 앞의 책, 120쪽.

서전서숙	국문학, 역사, 지리, 국제공법, 풍습, 경제대의, 수신, 산술, 한문, 정치학
협동학교	국어, 역사, 지지(地誌), 외국지지, 수신, 대수, 한문, 작문, 미술, 물리, 화학, 생물, 동물, 식물, 박물, 창가, 체조
신흥학교 1	국문, 역사, 지리, 수학, 수신, 외국어, 창가, 박물학, 물리학, 화학, 도화, 체조
신흥학교 2	역사, 지리, 산술, 수신, 독서, 한문, 이화(理化), 체조, 창가, 중국어
신흥학교 3	국어문전, 중등교과산술, 신정(新訂)산술, 최신고등학이과서(理科書), 교육학, 대한신지지(大韓新地誌), 초등소학독본, 초등윤리과, 신선(新選)박물학, 중등산술, 윤리학교과서, 대한국사, 사범교육학, 신편화학, 중등용기법(中等用器法), 중등생리학

병기 구하지 못해 이론 교육으로

신흥무관학교의 목표는 어디까지나 유능한 독립군관을 양성
하는 일이었다. 그래서 군사학술교련에 중점을 두었다. 중등교육
을 중심으로 하는 본과와 무관훈련을 시키는 군사과로 나뉘었지
만, 본과에서도 군사교련에 비중을 두고 학생을 선발할 때 반드
시 건장한 자를 뽑았다. 신흥무관학교는 학생들에게 군사교련을
시키기 위해 교관으로 대한제국 무관학교 교관 출신인 이세영,
이관직, 이장녕, 김창환 등을 초빙하였다.

신흥무관학교의 학과는 주로 보기포공치(步騎砲工輜)의 각 조전
(操典)과 내무령(內務令), 측도학, 축성학, 육군형법, 육군징벌령, 위
수복무령, 구급의료, 편제학, 훈련교범, 총검술, 유술(柔術), 격검(擊
劍) 전술전략 등에 중점을 두었다.[5]

---

5   원병상, 「신흥무관학교」, 『신동아』, 1969년 6월호.

군사교련의 실시에는 비용 관계로 어려움이 한두 가지가 아니었다. 군사훈련을 하면서 장총이나 권총, 기관총, 대포, 탄약 등 병기가 없어서 이론교육밖에 할 수가 없었고, 역시 경비 때문에 말을 구하기 어려워 기마훈련을 하기 어려웠다. 그 대신 정신교육과 신체 단련에 집중하고 각종 훈련을 강화시켰다. 일본의 최근 군사교련 교재나 각종 병서를 입수하여 교재로 활용하였다.

학생들은 수업료 등 일체의 학비를 내지 않았다. 숙식도 교내에서 공동으로 하였다. 이상룡, 이석영 일가와 유지들이 염출한 기금으로 운영하고, 동포 여성들이 모두 나와서 학생들의 식사준비를 맡았다.

우당 이회영의 부인 이은숙의 증언이다.

우당장은 학교 간역(幹役)도 하시며 학교 이름을 '신흥무관학교'라 하였다. 발기인은 우당 이회영 씨, 석오 이동녕 씨, 해관 이관직 씨, 이상룡 씨, 윤기섭 씨, 교주는 이석영 씨, 교장은 이상룡 씨였다. 이분은 경상도 유림단 대표로 오신 분이고, 이장녕 씨, 이관직 씨, 김창환 씨 이 세 분은 고종황제 당시에 무관학교의 특별 우등생으로 승급을 최고로 하던 분이다. 만주에 와서 체조 선생으로 근무하는데, 대·소한 추위에도 새벽 3시만 되면 훈령을 내려 만주서 제일 큰 산을 한 시간에 돌고 오는지라, 세 분 선생을 '범 같은 선생'이라 하더라. 시당(時堂) 여준 선생은 합방 전에 오산중학교 선생으로 근무중에 애국지사로 우당장과 연락을 하시더니, 임자년(1912)에 합니하로 오셔서 학교 선생으로 지내셨다. 그분 백씨 봉함장은 가족까지 솔권하여 설산(說産)하고 지내셨다. 이상룡 씨가 4, 5년 있다가 지방학교로 가신 후 여준 씨가 교장으로 근무하는 것을 보았다.[6]

이상룡은 교장으로 재임할 때는 물론 퇴임 후에도 자신이 지은 『대동역사(大東歷史)』를 교재로 우리 역사를 강의하였다. "1913년 이상룡은 만주지역 독립운동계 만이 아니라 그곳으로 이주해 오는 동료들을 정신적으로 무장시키고자 역사서를 저술했는데, 이것이 바로 신흥무관학교의 교재로 사용된 것으로 전해진다. 중국인들의 압박을 견디면서 독립운동의 근거지를 마련하기 위해서는 무엇보다 '기(氣)'를 살려야 했다. 그는 『대동역사』를 편찬하였는데 이는 민족교육의 지침을 마련한 것이었다."[7]

생도들 자신이 강설기를 이용하여 학교 건너편 낙천동이란 산언덕에서 허리에 차는 쌓인 눈을 헤치며 땔감을 끌어내리고 등으로 이를 날랐다. 매년 월동준비는 학생들의 자력으로 해결하였다.[8]

---

6 『이은숙 자서전』, 56-57쪽.
7 김희곤, 『안동사람들의 항일투쟁』, 525쪽(재인용).

암흑기의 선각 석주 이상룡 평전

온갖 어려움 속에서도 교관이나 학생들은 희망에 부풀었고 열심히 공부하며 군사훈련을 받았다. 신흥무관학교가 설립되면서 만주는 물론 국내에까지 널리 알려져 입학하려고 찾아온 젊은이들이 많았다.

신흥무관학교는 본과와 특별과가 있었다. 본과는 4년제 중학과정이고, 특별과는 6개월과 3개월 속성의 무관 양성과정이었다. 무관학교 생도들의 하루 일과는 이 학교 졸업생으로 교관이었던 원병상의 수기에서 생생하게 보여준다.

모든 생도들은 새벽 6시 기상나팔 소리에 따라 3분 이내에 복장을 갖추고 검사장에 뛰어가 인원점검을 받은 후 보건체조를 하였다. 눈바람이 살을 도리는 듯한 혹한에도 윤기섭 교감이 초모자를 쓰고 홑옷을 입고 나와서 점검을 하고 체조를 시켰다. 자그마하지만 다부진 인물인 여준 교장은 겨울에도 털모자를 쓰지 않은 채 생도들의 체조 광경을 지켜보았고, 벌도 매서웠다고 한다. 활기찬 목소리, 늠름한 기상에 뜨거운 정성이 담겨 있었다.

체조 후 청소와 세면을 마치면 각 내무반별로 나팔소리에 맞춰 식탁에 둘러앉았다. 주식은 가축 사료나 다름없는, 윤기라고는 조금도 없는 좁쌀이었다. 부식은 콩기름에 절인 콩장 한 가지뿐이었

---

8 안천, 『신흥무관학교』, 160쪽, 교육과학사, 1996.

다. 학생들이 얼마나 기름기 없는 음식을 먹었는지 한 일화로 짐작할 수 있다. 1912년 합니하 신흥무관학교 낙성식 때 이석영이 큼직한 돼지고기를 기증하자 이를 정신없이 먹은 생도들은 배탈이나 여러 날 고생했다는 것이다. 이렇게 턱없이 부족한 식사와 의복에도 불구하고, 교직원은 단의(單衣)와 초모를 쓰고 교육을 시켰고, 학생들은 주린 배를 움켜쥐고 훈련에 열중했다.[9]

온갖 어려움 속에서도 교관이나 학생들은 희망에 부풀었고 열심히 공부하며 군사훈련을 받았다. 신흥무관학교가 설립되면서 만주는 물론 국내에까지 널리 알려져 입학하려고 찾아온 젊은이들이 많았다. 그 중의 한 사람이 님 웨일즈의 『아리랑』 주인공, 장지락(김산)이다. 다음은 15세의 소년 장지락이 신흥무관학교를 찾아간 대목이다.

마침내 목적지에 도착했다. 합니하에 있는 조선독립군 군관학교. 이 학교는 신흥학교라 불렀다. 아주 신중한 이름이 아닌가! 하지만 내가 군관학교에 들어가려고 하자 사람들은 겨우 15세밖에 안된 꼬마였던 나를 거들떠보지도 않았다! 최저 연령이 18살이었던 것이다. 나는 가슴이 찢어지는 것만 같아서 엉엉 울었다.

---

9 원병상, 앞의 책.

암흑기의 선각 석주 이상룡 평전

마침내 내 기나긴 순례여행의 모든 이야기가 알려지게 되자 학교 측은 나를 예외적인 존재로 취급하여 시험을 칠 수 있게 해야 한다고 결정하였다. 지리, 수학, 국어에서는 합격하였지만 국사와 엄격한 신체검사에서는 떨어졌다. 그럼에도 불구하고 3개월 코스에 입학하도록 허락받았고 수업료도 면제받았다.

학교는 산 속에 있었으며 18개의 교실로 나뉘어 있었는데, 한 눈에 잘 띄지 않게 산허리를 따라 나란히 줄지어 있었다. 18살에서 30살까지의 학생들이 100여 명 가까이 입학하였다. 학생들 말로는 이제까지 이 학교에 들어온 학생들 중에서 내가 제일 어리다고 하였다.

학과는 새벽 4시에 시작하여, 취침은 저녁 9시에 하였다. 우리들은 군대전술을 공부하였고 총기를 가지고 훈련을 받았다. 그렇지만 가장 엄격하게 요구하였던 것은 일명 '게릴라 전술'로 산을 재빨리 올라갈 수 있는 능력이었다. 다른 학생들은 강철 같은 근육을 가지고 있었고 등산에는 오래전부터 단련되어 있었다. 그러나 나는 도움을 받아야만 간신히 그들을 뒤따라 갈 수 있었다.

우리는 등에 돌을 지고 걷는 훈련을 하였다. 그래서 아무것도 지지 않았을 때에는 아주 경쾌하게 달릴 수 있었다. '그날'을 위해 조선의 지세, 특히 북한의 지리에 관해서는 주의깊게 연구하였다. 방과 후에 나는 국사를 열심히 파고들었다.

얼마간의 훈련을 받고 나자 나도 힘든 생활을 해나갈 수 있었으며, 그러자 훈련이 즐거워졌다. 봄이면 산이 매우 아름다웠다. 희망으로 가슴이 부풀어 올랐으며 기대에 넘쳐 눈이 빛났다. 자유를 위해서라면 무슨 일인들 못할소냐.[10]

10   님 웨일즈 지음, 조우화 옮김, 『아리랑』, 87-88쪽, 동녘, 1993(개정1판 7쇄).

추위와 혹한에도 학도들 의기충천

무엇이, 혹독한 추위와 배고픔, 일제의 감시 속에서도 신흥무관학교의 청년들과 교관들에게 이 같은 열정과 투지를 갖게 하였을까. 조국 독립의 대명제와 더불어 모든 것을 바쳐 헌신하는 지도자들의 노블레스 오블리주가 그 생명력이 되었을 것이다.

신흥무관학교에서는 학교 행사나 군사훈련을 시작할 때이면 '애국가'를 비롯하여 각종 군가를 우렁차게 불렀다. 작사, 작곡이 누구인지는 밝혀지지 않았다.

애국가

화려강산 동반도는
우리 본국이요
품질 좋은 단군조선
우리 국민일세
무궁화 삼천리

화려강산

우리나라 우리들이

길이 보존하세.

독립군 용진가

요동 만주 넓은 뜰을 쳐서 파하고

여진국을 멸하고 개국하옵신

동명왕과 이지란의 용진법대로

우리들도 그와 같이 원수 쳐 보세.

후렴

나가세 전쟁장으로

나가세 전쟁장으로

검수도산 무릅쓰고 나아갈 때에

독립군이 용감력을 더욱 분발해

삼천만 번 죽더라도 나아갑시다.

이 밖에도 각종 군가, 민요, 창작 노래를 불렀다.

슬프도다 우리 민족아!

오늘날 이 지경이 웬 말인가?

4천 년 역사국으로

자자손손 복락하더니

오늘날 이 지경이 웬 말인가?

철사주사로 결박한 줄을

우리 손으로 끊어 버리고

독립만세 우레 소리에

바다가 끓고 산이 동하겠네.[11]

---

11 김명섭, 앞의 책, 71-72쪽, 재인용.

졸업 후에는 신흥학우단으로

신흥무관학교는 졸업생이 늘어나면서 이들을 조직화하는 '신흥학우단'을 결성하였다. 교장 여준, 교감 윤기섭과 제1회 졸업생 김석, 강일수, 이근호 등이 발기하여 조직한 것으로 교직원과 졸업생은 정단원이 되고 재학생은 준단원이 되는 일종의 동창회와 비슷한 것이었다. 처음에는 명칭을 '다물단'(多勿團)이라 했다가 '학우단'으로 고쳤다. 신흥학우단의 목적과 사업은 다음과 같다.

신흥학우단의 목적
혁명대열에 참여하여 대의를 생명으로 삼아 조국광복을 위해 모교의 정신을 그대로 살려 최후의 일각까지 투쟁한다.

중요사업
1. 군사, 학술을 연구하여 실력을 배양한다.
2. 각종 간행물을 통하여 혁명이념의 선전과 독립사상을 고취

한다.

3. 민족의 자위체를 조직하여 적구(敵拘) 침입을 방지한다.

4. 노동강습소를 개설하여 농촌청년에게 초보적 군사훈련과 계몽 교육을 실시한다.

5. 농촌에 소학교를 설립하여 아동 교육을 담당한다.[12]

신흥학우단은 졸업생이 증가함에 따라 서간도 우리 독립운동의 핵심체로 성장하였다. 그들은 모교의 교명에 따라 2년간은 의무적으로 복무하도록 되어 있었으며, 그 대부분은 독립군에 편입되었으나, 여기에 편입되지 않은 졸업생들도 각 곳에 흩어져서 독립운동에 종사하였다. 만주의 독립운동 중에 신흥무관학교 졸업생이 들어있지 않은 곳이 없었다고 말할 수 있을 만큼 그 영향력은 막대하였다.[13]

신흥무관학교는 학생이 늘고 사기가 높아가고 있었으나 그늘진 부분도 있었다. 경영이 그만큼 어려워진 것이다. 이회영 일가의 돈도 바닥을 드러냈다. 그래서 택한 것이 이관직과 장도순을 국내로 파견하여 자금을 모아오게 하였다. 두 사람은 합니하를 출발하여 귀국길에 올랐다. 장도순은 박중화의 집에, 이관직은

---

12 원병상, 앞의 책, 238-239쪽.

13 신용하, 『한국민족독립운동사연구』, 118쪽, 을유문화사, 1985.

안확의 집에 묵으면서 알 만한 인사들을 만나 자금을 요청했지만 모금이 쉽지 않았다.

그동안에 민심도 변하고, 무엇보다 총독부의 엄한 통제와 사찰에 후환이 두려워 선뜻 돈을 내놓으려 하지 않았다. 장도순은 1개월 뒤에 만주로 돌아가고, 이관직은 국내에 남아서 장기적으로 자금을 모으기로 하였다.[14]

---

14 이관직, 앞의 책, 158쪽.

3500명 배출 무장투쟁 지도자로 활동

신흥무관학교는 10년 동안 통칭 3500여 명의 졸업생을 배출한 것으로 연구되었다. 1912년 가을에 속성 특과로 11명을 배출한 것을 시작으로 매년 속성과 본과의 졸업자가 1, 2백 명씩이었다. 여러 가지 상황으로 매년 졸업자 수는 일정하지 않았으며, 신흥소중학교와 신흥무관학교 이들과 연계되는 학교와 기관도 많았다.

1919년 3·1운동 이후 신흥무관학교가 새로운 출발을 하기 전까지 신흥무관학교를 졸업한 학생 수를 알아볼 수 있는 자료를 검토해 보자. 필자를 알 수 없는 『제9항 백서농장사(白西農庄史)』에 따르면 1915년 이 농장에 들어온 사람들은 385명이다. 이 숫자는 거의 정확한 것으로 봐야 할 것이다. 385명에는 신흥무관학교 졸업자뿐만 아니라, 신흥학교 분·지교 졸업자와 노동강습회 이수자도 포함되어 있다. 그렇지만 단단히 각오하고 독립군에서 중견 역할을 하기 위하여 병농(兵農)학교에 들어온 것이기 때문에 신흥무관학교 출신이 대부분이라고 봐야 할 것이다.

그렇다면 1915년 봄 이전 신흥무관학교 졸업자는 3000명 이상일 것이라고 추정하여도 큰 무리는 아닐 것이다.[15]

일제는 3·1 독립항쟁 이후 만주지역에서 활동하는 한국독립군을 뿌리 뽑는 것이 조선에서 지배체제의 안정을 이룩할 수 있다고 판단, 이 지역에 정예군을 파견하여 대대적인 학살 작전을 전개하였다.

또한 중국 관헌에 압력을 가하여 한국인의 무장독립운동을 방해하고, 토족세력인 마적단을 조종하여 습격, 납치, 학살을 자행하면서 신흥무관학교를 비롯하여 각급 민족운동단체들은 위기에 직면하였다.

그동안 신흥소중학교와 신흥무관학교는 만주 일대는 물론 노령에까지 수십 개의 학교와 연계하면서 지방 청년들의 군사훈련에 힘썼다. 각 지역에서 이름을 달리하는 많은 소중학교가 설립되었지만 뿌리는 대부분 신흥소중학교와 신흥무관학교에서 기원하였다.

신흥무관학교에서 배출한 졸업자는 3500여 명으로 추산되는데, 더 정확한 자료는 앞으로 연구과제로 남아 있다.

신흥무관학교 졸업생들은 만주지역과 중국 관내에서 항일 독립운동의 중핵이 되었다. 1919년 11월 만주 길림성에서 '폭력투

---

15 서중석, 앞의 책, 131쪽.

쟁'을 선언하면서 조직된 조선의열단의 핵심멤버가 신흥무관학교 출신들이다. 단장 김원봉을 비롯하여 강세우, 권준, 김옥, 박태열, 배중세, 서상락, 신철휴, 윤보한, 이성우, 이종암, 이해명, 최동윤, 한봉근, 한봉인 등이다.

의열단은 최초 발기인 13명에서 1924년에는 단원이 약 70여 명에 이르렀다. 이들은 부산경찰서, 밀양경찰서, 총독부폭파사건, 황옥(黃玉)경부사건, 종로경찰서, 동양척식회사, 도쿄 나쥬바시(二重僑) 폭파사건을 비롯하여, 그 외에도 16건의 의열투쟁을 실행하여, 독립운동의 금자탑을 이루었다.

만주지역의 대표적인 무장독립운동 단체인 서로군정서(西路軍政署)는 1919년 4월 한족회와 통합하여 무장투쟁을 전개하였다. 독판 이상룡, 부독판 여준, 정무청장 이탁, 군정청장 양규열, 참모장 김동삼, 교관 지청천, 신팔균, 김경천 등 간부 대부분이 신흥무관학교 출신들이다. 이들 외에 신흥중학교와 신흥무관학교 출신으로 한족회와 서로군정서에서 주요한 역할을 한 인사는 권계환, 김동식, 김중한, 김우권, 김철, 김하성, 김학규, 박명진, 백광운, 백기환, 신용관, 오광선, 이덕수, 이병철, 현기선, 강화진, 김춘식, 박영희, 백종열, 오상세, 이운강, 최해 등이다.

또한 신흥중학교와 신흥무관학교 출신들은 1922년 만주 봉천성 환인현에서 조직된 통의부(統義府)에 참여하여 주요 역할을 하였다. 이천민은 군사위원을 맡아 직접 무장투쟁을 주도하고, 자치행정기구에도 여러 명이 참여하였다.

1924년 만주 통화현에서 조직된 참의부(參議府)에는 백광운이 참의장 겸 제1중대장으로서 무장투쟁을 지휘하였다. 이 외에 1925년 만주 영안현에서 조직된 신민부(新民府), 1929년 만주에서 조직된 국민부 등 만주일대의 무장투쟁 단체에는 어김없이 신흥학교와 신흥무관학교 출신들이 참여하고 중심이 되었다.

1920년 6월 봉오동전투와 같은 해 10월의 청산리전투는 이청천, 이범석 등 신흥무관학교 교관 출신들이 '항일대첩'을 주도하였다. 신흥무관학교 출신들은 1940년 중국 충칭에서 임시정부의 국군으로 조직된 항일무장부대 광복군의 창설에도 핵심적 역할을 하였다. 지청천, 김학규, 김원봉, 이범석, 권준, 신동열, 오광선 등이다. 광복군총사령 지청천, 참모장 이범석, 제1지대장 김원봉, 제3지대장 김학규 등 모두 신흥무관학교 간부들이었다. 신흥무관학교는 무장독립운동의 사관을 육성한 요람이었다.

6부
남만주 동포에게 메시지

아아, 제군들이여! 측간의 구더기가 똥을 즐기는 것은 그 더러움을 편안히 여겨서입니다. 골짜기의 새가 교목으로 옮겨 가는 이유는 밝은 것을 취한 것입니다. 지난날 우리들은 문을 닫고 깊숙이 거처하면서 외인(外人)들을 접하지 않았기에 절로 이미 비루하고 열등하게 되었는데도, 아직도 요즘 시대가 어떤 시대인지를 알지 못하고 있습니다.

단군 옛터에서 희망을 양식 삼고

이상룡은 만주에서 조국독립을 위해 부민단과 신흥무관학교에서 활동하면서 동포사회의 여러 가지 사정을 알고 있었다. 외교력을 통해 중국과의 큰 문제는 풀렸으나 곳곳에서 한인들은 어려운 처지에서 고투하고 있었다. 마적떼에 희생되거나 납치당한, 그리고 재물을 빼앗긴 일도 벌어졌다.

그는 1914년 ○월 ○일 〈남만주에 교거하는 동포들에게 공경히 고하는 글(敬告南滿州僑居同胞文)〉을 지어 힘겹게 살아가는 동포, 학생들을 위로격려하고 용기를 북돋았다. 이 글을 남만주 지역 한인 학교를 통해 보내면서 고통을 극복하며 조국독립을 위해 더욱 단결하고 힘을 모을 것을 청한다.

이 시기 그의 신념과 철학, 동포사랑 정신이 오롯이 담긴 매우 주요한 문건이어서 전문을 나누어 소개한다.

"단조(기원 4246년 계축년, 1913) ○월 ○일에 어리석은 아우 석주는 눈물로 붓을 적시면서 남만주에 이주하신 동포 형제들에게 공경히 한 말씀을 올립니다. 제가 일찍이 신문에 실린 인구조사 기록을 보았는데 봉천성 내의 각 지방에 교거하는 한인의 실수(實數)가 28만 6천여 인이 넉넉하였습니다. 거주지의 원근이나 친면(親面)의 유무를 막론하고 이 많은 한인들 중 누군들 같은 우리의 동포가 아니겠습니까? 슬픔에 겨워 말을 이을 수가 없습니다.

아아, 제군들이여! 이국의 산천이니 낙토가 아닐 것이요, 만리(萬里)의 노정(路程)이니 근린(近鄰)이 아닐 것입니다. 친척을 이별하고 분묘를 버린 채, 남자는 등에 지고 여자는 머리에 이고 이 땅으로 건너왔습니다. 다소의 금전은 노상에서 모두 허비하였고, 언어가 통하지 않는 이역인의 토지와 방(房)을 조차하여 죽을 때까지 부지런히 움직여도 입에 풀칠하기에 부족하니, 그 구차함과 쓰라림은 피차간에 차이가 없을 것입니다.

그러나 2-3년 이래로 압록강을 건너는 자가 날로 더욱 증가하여 마치 시장으로 돌아가듯이 하니, 어찌 다른 이유가 있겠습니까? 그 심정은 대개 '촘촘한 그물 속의 물고기는 도망쳐 벗어나는 것이 좋은 계책이고, 불타는 숲의 새는 날아가 버리는 것이 옳은 계책이다. 더구나 이 만주는 단조의 유허이고 고구려의 옛 강역이니, 우리들이 몸을 편안히 하고 목숨을 보존할 땅으로 이곳을 두고 어디에서 구할 것인가? 그래서 희망을 양식으로 삼고 곤경을 기반으로 삼아 온갖 풍상을 무릅쓰면서, 죽어도 후회하지 않는 것이다'라는 것입니다.

그렇다면 제군이 그 땅을 버리고 온 것은 지려(志慮)가 있다고 할 수 있을 것이며, 용단이 있다고 할 수 있을 것입니다. 그러나 몸을 편안히 하고 목숨을 보존하는 것은 절로 도리가 있으나, 결코 이 지역으로 건너온 것을 가지고 선뜻 마침내 행복을 얻었다고 말해서는 안 될 것입니다.

서양 철학자가 일찍이 상제(上帝)의 말씀에 말하기를, '너희 중생들이 원하는 것은 내가 마땅히 하나하나 들어줄 것이다. 다만 너희들은 반드시 대가를 내어야 할 것이다.' 하였습니다. 제군들은 우리들이 오늘날 어떠한 방법을 써야 장래에 행복이라는 보상을 얻을 수 있을지 한 번 생각해 보십시오. 이 문제는 제군들이 평소에 강구하던 바이거니와, 대개 우리들이 세상을 살아가는 데 있어 두 개의 중요한 일이 있습니다.

첫 번째는 산업입니다. 사람이 거북이나 뱀이 아닌 이상 공기로만 호흡하며 살 수는 없으며, 새나 짐승이 아닌 이상 날개나 털을 덮은 채 살 수는 없으니, 추위나 굶주림을 면하고자 하면 할 수 없이 음식과 의복이 필요합니다. 그렇다면 산업은 우리 사람들의 기혈이나 명맥이 아니겠습니까? 재산이 넉넉하면 능력이 절로 생겨나서 신체가 건강해질 수 있고 자손이 번성해질 수 있으며, 재산이 궁핍하면 만사가 군색하여 질병이 그로 인해 침범하고 인구가 그로 인해 감소하게 됩니다.

우리들의 고국에 있을 때는 전장(田庄), 제택(第宅)이 자체적으로 산림과 과수원을 겸비하였는데도, 산업이라는 한 가지만은 오히려 허술하게 할 수 없었습니다. 하물며 지금 이역에서 떠돌면서 송곳 꽂을 땅조차도 자신의 소유로 된 것이 없어서 한 톨의 곡식, 한 가닥의 포(布)도 반드시 금전을 지불한 뒤에야 얻을 수 있는 경우이겠습니까? 산업이 어찌 오늘날 우리들이 먼저 마음을 쏟아야 할 것이 아니겠습니까?

두 번째는 '교육'입니다. 『맹자』에 이르기를, '인간에게는 도리가 있는데, 배불리 먹고 따뜻하게 입고서 편안히 거처하며 가르침이 없으면 금수에 가깝게 된다.' 하였습니다. 저는 그 내용을 반대로 하여 '사람이 교육이 없으면 배부름과 따뜻함, 안일함을 누릴 수 없다'고 말할 것입니다. 어째서이겠습니까? 세계는 인류의 일대 경쟁의 장입니다. 우수한 자는 승리하고 열등한 자는 패배합니다. 교육은 지식을 계발하고 덕성을 기르며 체력을 단련하여 그 우승권을 차지하게 하는 방법입니다.

만약 교육을 받지 못하여 지식과 기능이 타인에게 미치지 못한다면 제반 권리는 모두 타인에게 점탈당할 것이니, 배부름과 따뜻함, 안일함을 무엇을 통해서 누릴 수 있겠습니까? 이런 까닭에 동일한 인류라도 교육이 있는 경우는 문명족이 되고 교육이 없는 경우는 야만족이 되니, 야만족이 문명족에게 제어를 받는 것은 자연적인 법칙입니다."

망국족이지만 사람의 권리를 갖자

"만약 제 말을 믿지 못하신다면 청컨대 홍인(紅人)과 흑인(黑人) 두 종의 인류를 보십시오. 그들도 또한 다수의 민족인데 무슨 까닭으로 백인의 노예가 되어 쇠사슬 아래에서 신음하고, 궁벽한 골짜기의 불모지에서 우는 것입니까? 또 생각해 보십시오. 우리들이 무슨 까닭으로 조상 때부터 전래되어 온 삼천리 옥토를 다른 민족에게 양여하고 이역에서 떠돌며 슬픈 비바람 속에서 세월을 보내고 있는 것입니까? 이는 다른 이유가 없습니다. 교육이 발달하지 못하면 지식과 기능이 타인에게 필적하지 못하여 남의 압박을 받게 되기 때문입니다.

아아, 제군들이여! 측간의 구더기가 똥을 즐기는 것은 그 더러움을 편안히 여겨서입니다. 골짜기의 새가 교목으로 옮겨 가는 이유는 밝은 것을 취한 것입니다. 지난날 우리들은 문을 닫고 깊숙이 거처하면서 외인(外人)들을 접하지 않았기에 절로 이미 비루하고 열등하게 되었는데도, 아직도 요즘 시대가 어떤 시대인지를 알지 못하고 있습니다.

암흑기의 선각 석주 이상룡 평전

세계는 새로 개벽하여 다섯 인종이 서로 경쟁을 하니, 뛰는 놈 위에 나는 놈이 있고, 이빨로 무는 놈 밖에 뿔로 받는 놈이 있습니다. 승냥이와 호랑이, 해동청과 새매가 채어 오르고 치고 물어 대니, 오주(伍洲) 어느 곳에 활인생불(活人生佛)이 있어서 특별히 비루하고 열등한 우리들에게 인애를 베풀겠습니까?

이 나라 중국으로 논해 보자면 지난날 교육이 보급되지 않았을 적에는 오히려 비루하고 어리석은 풍기가 있었습니다. 그러나 오늘날은 중화민국의 새로운 문교가 발전하는 시대입니다. 불과 몇 년이 되지 않았는데도 본토인이 크게 변화하는 모습은 참으로 보는 사람으로 하여금 혀를 내두르게 만듭니다.

우리들은 이런 때를 당하여 야매(野昧), 무지한 민족이면서도 캄캄한 밤중에 어리석은 꿈을 꾸고 있으니, 그 형세로 볼 때 장차 대물림을 당하여 편안히 거처할 수 없을 것입니다. 생각이 여기에 이른다면 우리들은 비록 한 달에 아홉 번 식사를 하는 한이 있더라도 교육을 힘쓰지 않아서는 안 될 것입니다.

세 번째는 '권리'입니다. 권리는 우리 인간의 생명의 뿌리입니다. 저 초목을 보더라도 뿌리가 썩고 손상되면 줄기와 잎은 절로 시들어 버리는데, 사람이 권리를 얻지 못하고서 어떻게 생명을 보전할 수 있겠습니까? 대개 권리라는 것은 자기가 적극적으로 찾으면 얻을 수 있고 자기가 내버려두면 잃게 되는 것입니다. 현재 세계의 5억 인종은 장기를 겨루고 능력을 다투고 있습니다.

작게는 머리통을 부딪쳐 선혈이 흐르고, 크게는 나랏돈을 고갈시키고 백성의 목숨을 잃으면서도, 후회하지 않고 각자 먼저 무대에 오르기 위해 승부를 거는 것은 모두 권리를 확장하고자 해서입니다.

그러므로 개인 품격의 고하는 이런 사상의 후박과 관계가 있고, 전국 세력의 강약은 이런 사상의 다과에서 결정되는 것입니다. 만약 믿지 못하겠다면 청컨대 저 영국, 미국, 프랑스, 독일 사람들을 보십시오.

저들이 어떻게 해서 기세등등하면서 우주를 삼키려고까지 할 수 있었겠습니까? 또 저 인도, 월남, 유태(파키스탄) 사람들을 보십시오. 저들은 어째서 숨이 끊어질 듯 하면서 죽고 싶어도 죽지 못하는 것이겠습니까? 민족의 흥망은 한결같이 권리의 유무에 관계가 된다는 것이 이처럼 명료한 것입니다.

그러나 우리 한국의 경우는 옛날부터 권리경쟁에 관한 의론을 드러낸 학자가 없었습니다. 2천 만 생령들이 권리가 어떤 것인지를 알지 못한 채 함부로 오활하고 진부한 견해를 가지고 기꺼이 고인(古人)의 노예가 되었습니다. 비열하고 나약한 것을 유가의 본색이라고 자칭하고 양보하고 용인하는 것을 선비의 미덕이라고 인식하여, 무도한 침탈을 받으면서도 부끄러워 할 줄 모르고 부조리한 곤욕을 겪으면서도 따질 줄을 몰랐습니다.

결국 열등한 습성이 본성이 되어 조종(祖宗)의 강토를 남에게 바치고 살길이 막막하여 외지를 떠돌게 되니, 의지할 데 없고 호소할 데 없는 망국의 민족에게 말할 만한 권리가 다시 무엇이 있겠습니까?

보증금과 소작료를 타인에 비해 몇 배나 더 지급하면서도 마치 얇은 얼음을 밟는 듯 소심하게 근신하면서 오히려 동정을 얻지 못할까를 걱정하다 보니, 속이고 업신여기는 폐단이 곳곳에서 발생하고 있습니다."

제군! 단체 만들어 힘을 기르도록

"아아, 제군들이여! 외롭고 위태로움이 이와 같은데, 도대체 무슨 행복을 바랄 수 있겠습니까? 타인은 권리가 본래 있어도 보수하려고 하고 확장하려고 하는데, 우리는 권리가 본래 없었는데도 구할 생각을 하지 않고 또 얻을 방법도 알지 못하니, 어찌 한심하지 않겠습니까?

이상에서 논한 바는 모두 생활에 있어서의 중요한 조항들이거니와, 오늘날 우리들이 가장 먼저 유념해야 하는 것은 '권리' 두 글자에서 벗어나지 않습니다. 어째서이겠습니까? 권리가 있으면 산업, 교육은 착수하는 대로 차례차례 발전할 수 있습니다. 그렇지만 우리들은 만 리밖의 외로운 처지로서, 위로 비호해 주는 이가 없고 아래로 막아주는 이가 없으니, 무슨 방법으로 권리를 얻을 수 있겠습니까? 고어(古語)에 이르기를, '다리가 100개인 벌레는 죽더라도 엎어지지 않는다.' 하였습니다.

이로써 미루어 보건대, 눈이 100이면 보는 권리가 생겨나고, 귀가 100이면 듣는 권리가 생겨나고, 손이 100이면 물건을 갖는 권리가 생겨나고, 입이 100이면 말할 권리가 생겨나는 것입니다. 우리들이 진실로 자력으로 권리를 만들어 내고자 한다면, 사회단체로 단합하는 것 이외에는 달리 방법이 없습니다.

벌은 미미한 일개 곤충입니다. 그러나 열 마리, 천 마리가 모여 있으면 건장한 군졸들도 두려워 피합니다. 실(絲)은 지극히 부드러운 성질을 지녔습니다. 그러나 백 겹으로 꼬아 끈을 만들면 힘센 장사라도 끊을 수 없습니다. 미물도 오히려 그러한데, 하물며 하늘이 양능(良能)을 부여한 인류가 단합하는데 누가 감히 무시할 수 있겠습니까? 현재 세계는 어느 나라를 막론하고 우세한 권리를 점유한 민족은 모두 사회학에서 힘을 얻은 자들입니다.

그러므로 영국인은 일찍이 말하기를, '우리 영국인 100인과 타국인 100인을 동시에 한 곳에 이주시켰을 때, 불과 10년이 되기 전에 우리 영국인은 확실하게 하나의 독립된 국가를 이룰 것이고, 타국인은 마치 소반 위의 흩어진 모래와 같아서 우리의 속박을 받게 될 것이다.' 하였습니다. 생존경쟁, 자연도태의 시국에 사회단체로 단합하는 것은 그 효과가 이와 같습니다. 제군들은 아는 것입니까? 모르는 것입니까?

제군들은 항상 이르기를, '사람마다 마음이 제각각이라 사실상 단합하기 어렵다.' 합니다. 나 역시 이 일이 용이한 일이라고 생각하지 않습니다. 그러나 단체가 이루어지지 않으면 산업이나 교육, 권리를 얻을 수 있는 날이 없게 되어, 사람들은 모두 멸망으로 빠져들게 될 것입니다. 만약 이와 같은 것을 확실히 안다면 태산을 끼고 북해를 뛰어넘는 것도 사양하지 않을 것이거늘, 하물며 동포가 단합하는 데 무슨 어려운 일이 있단 말입니까?

나폴레옹의 말에 이르기를, '어렵다는 단어는 어리석은 자의 자전(字典)에만 들어있다.' 하였고, 또 이르기를, '불가능이라는 말은 프랑스 사람이 사용할 말이 아니다.' 하였습니다. 제군은 각자 굳세게 힘을 내어서 비록 어려운 일이더라도 기필코 해 내고, 불가능이라는 말은 절대 사용하지 말아야 할 것입니다.

그렇지만 거주하는 지역이 멀면 소식이 통하기 어렵고, 만나서 대면하는 일이 뜸하면 정의가 지속되기 어려우니, 저 현대 문명족의 주거지를 보지 못하였습니까? 시정(市井)이 서로 연결되어 있고 전선(電線)이 서로 이어져 있어 천리 밖에 앉아 있어도 무릎을 맞대고 있는 것과 다를 것이 없다 보니, 형세로 볼 때 자연스레 단합하기 쉽습니다. 우리들은 회오리 바람에 날리는 나뭇잎처럼 방방곡곡에 흩어져 통서(統緖)가 없습니다. 그리하여 안면이 생소하고 소식이 단절되니, 단합하고자 한들 무엇을 통하여 이룰 수 있겠습니까?

삼가 바라건대 제군께서는 당장 조금 편안하다고 하여 뜻을 이루었다고 여기지 마시고, 생리(生利)가 조금이라도 편할만한 널찍한 구역을 하나 점한 뒤 각자 마음에 맞는 사람들을 끌어들여서 군거하는 촌락을 만들어야 할 것입니다. 그리고 우리들에게 적합한 정도의 규약을 의정하여 공동으로 준수해 나간다면, 자연히 마음이 서로 통하고 뜻이 서로 맞아서 마침내 완전한 법적 단체를 이룰 수 있을 것입니다. 단체가 한번 이루어지면 능력이 절로 생겨나고 산업, 교육이 장애가 없이 발전하여 장래의 행복이 차례로 손에 들어오게 될 것입니다.

아아, 제군들이여! 증험이 없는 말이라고 하여 뱉어서 버리지 마십시오. 천하만사는 모두 일정한 계획이 있어야 하는 법이니, 일정한 계획이 서지 않으면 패운이 바로 닥치게 되는 것이 고금의 통례입니다.

제군은 이 땅으로 건너온 지 이미 여러 해가 지났으니, 소비한 것이 적지 않고 경험 또한 많을 것입니다. 이는 참으로 생활을 연구할 수 있는 기회입니다. 만약 이 기회를 놓치고 나면 아마도 제군들이 아무리 떨치고 일어나려고 해도 지력이 없어져 끊어지게 될 듯하니, 뒤늦게 후회한들 무슨 소용이겠습니까? 천만 깊이 헤아리시기를 삼가 바랍니다."[1]

1   김시명, 『석주 이상룡이 이룩한 신흥무관학교』, 108-110쪽, 대한민국순국선열유족회, 2016.

7부
무오독립선언 참여

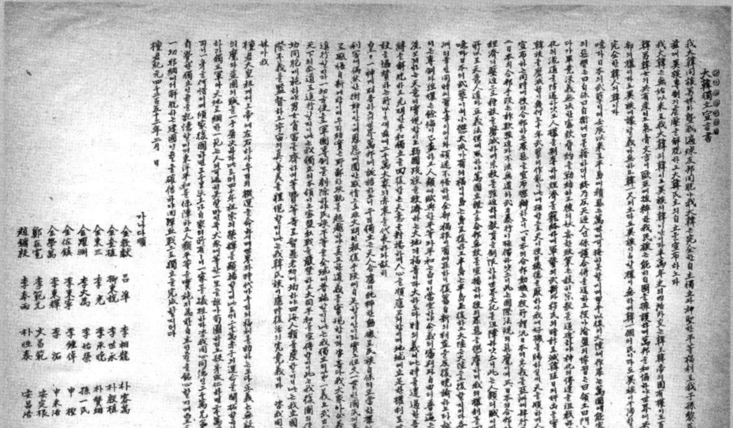
大韓獨立宣言書

만주에서 발표된 대한독립선언서. 독립군의 궐기를 촉구하고 있다.

대표급 39인과 '대한독립선언서' 발표

경술국치로 나라가 망하고 국내에서는 활동이 어렵게 되자 우국지사들은 국외로 빠져나갔다. 여전히 국내에 남아 항일운동을 벌인 분들도 있었으나 1911년 1월 신민회사건(105인 사건)을 필두로 일제의 혹독한 탄압으로 큰 시련을 겪어야 했다.

일제는 1912년 3월 조선민사령, 형사령, 태형령, 감옥령을 잇따라 공포하면서 민족주의운동을 짓밟았다. 임병찬, 이세영 등의 독립의군부, 채기중 등의 광복단, 윤상태 등의 조선국권회복단, 채응언 등의 대한광복회가 힘겹게 투쟁하다가 대부분 붙잡혀 사형당하였다.

지사들이 해외에서 독립운동의 둥지를 튼 것은 대개 4개 지역이 중심을 이루었다. "연해주의 성명회(聲明會)와 그 이념을 계승한 권업회(勸業會), 북간도의 간민교육회(墾民敎育會)와 그를 발전시킨 간민회(墾民會), 서간도의 경학사와 그를 이은 부민회, 그 밖의 북만주의 신한국민회 등은 그러한 결사 가운데 유명한 것이었다. 또한 하와이와 미주의 한인사회를 기반으로 성립된 공립협회(公立協會)와 대동보국회(大同保國會) 및 그 양자를 발전시키고 대한인국민회(大韓人國民會) 등도 중요한 것들이었다."[1]

이들 그룹과는 달리 일찍부터 국제정치학적 또는 지정학적 중요성을 간파하고 중국 상하이를 거점으로 삼은 그룹이 있었다. 당시 상하이는 최신 사조를 접할 수 있는 국제도시이고, 신해혁명의 중심지였으며 서구 열강의 조차지가 있어서 정치활동이 비교적 자유로웠다. 식민지에서 고통 받는 조선청년들에게 학문과 독립운동을 자유롭게 할 수 있는 동경의 대상이었다.

김규식, 박은식, 신채호, 홍명희, 문일평, 조소앙 등이 동제사와 박달학원을 차리고 독립운동의 기지를 닦았다.

국제정세는 크게 요동치고 있었다. 1914년 7월 28일 시작된 제1차 세계대전이 1918년 11월 11일 종전되면서 전승국과 패전국 사이에 강화회의가 열리게 되었다. 일본은 중국에 있어 이권 확대를 노리고 영일동맹을 내세워 독일에 선전포고를 하고, 연합국이 승리하면서 중국 산동성의 독일 이권을 그대로 물려받고 남양제도의 위임통치령을 얻었다.

한편 러시아에서는 1917년 10월 혁명으로 레닌을 수반으로

---

1 윤병석, 『독립군사』, 32쪽, 지식산업사, 1990.

하는 소비에트사회주의 정권이 수립되었다. 소비에트정부는 지주의 소유지를 국유화하고 은행, 산업의 노동자 관리에 착수했으며 독일과의 단독강화에 의해 평화체제를 갖추었다. 러시아 신정부는 권내의 다민족을 포용한 채로 자결권을 승인하고, 민족자결원칙을 제시하면서 식민지 국가의 민족해방 투쟁을 지원한다고 발표하였다.

미국 대통령 윌슨은 1918년 1월 의회에서 「14개조 평화원칙」을 공표했다. 그 내용은 ① 강화조약의 공개와 비밀외교의 폐지 ② 공해(公海)의 자유 ③ 공정한 국제통상의 확립 ④ 군비축소 ⑤ 식민지 문제의 공정한 해결 ⑥ 프로이센으로부터의 철군과 러시아의 정치변화에 대한 불간섭 ⑦ 벨기에의 주권회복 ⑧ 알자스로렌의 프랑스 반환 ⑨ 이탈리아 국경의 민족문제 자결 ⑩ 오스트리아 - 헝가리 제국 내의 여러 민족의 자결 ⑪ 발칸제국의 민족적 독립보장 ⑫ 터키제국 지배하의 여러 민족의 자치 ⑬ 폴란드의 재건 ⑭ 국제연맹의 창설 등이다.

각 민족은 그 정치적 운명을 스스로 결정할 권리를 가져야 하며 외부로부터 간섭을 허용하지 않는다고 하는 민족자결주의는 19세기 내셔널리즘의 고양과 함께 약소민족의 자주독립사상으로 널리 인식되었다.

제1차대전 결과 독일, 터키, 오스트리아 제국이 붕괴되고, 그 판도에 있었던 종속민족들의 처리문제가 시급한 국제사회의 현안으로 떠올랐다. 월슨의 '14개조 원칙'은 이 같은 상황에서 제기되었다.

제1차 세계대전의 발발로 노령과 만주지방의 독립운동이 러시아, 중국 정부의 강압으로 봉쇄되었다. 이에 따라 권업회, 대한광복군정부, 간민회 등이 해체되고, 심지어 노령의 독립운동 지도자들이 감금되거나 축출되기에 이르렀다. 그리하여 노령에 있던 이상설은 중국으로 건너와 신규식, 박은식 등과 1915년에 신한혁명당을 결성하는 등 독립운동의 새로운 길을 모색하였다.

국제적으로는 러시아에서 2월 혁명이 일어나고, 핀란드와 폴란드가 독립을 선언하며 임시정부를 수립하고 있어 같은 처지의 약소민족을 고무시켰다. 제1차 세계대전은 미국의 참전으로 일본을 포함한 연합군이 우세해지고, 중국도 연합국에 기울어져갔다. 독립운동도 전환되어야 할 처지가 되었다. 이런 상황에서 신해혁명에 참가했던 신규식을 중심으로 「대동단결선언」이 나오게 되고, 조소앙이 역사적 문건을 집필하였다.

'주권불멸론', 독립운동의 적통 내세워

'선언'은 주권불멸론과 융희황제의 주권포기론을 근거로 국민주권설을 정립함으로써 독립운동의 이념을 확립했을 뿐 아니라 정부의 통할체제를 계획하는 등 1917년까지 다양하던 독립운동의 이론을 결집하였다는 점에서 중요한 의미를 가지고 있다. 또 이 같은 '선언'의 계획은 당장에는 실현되지 못하였으나 그 문서가 동포사회에 널리 송달되었으며, 「신한민보」 등 각처의 신문을 통해 계몽되면서 1919년 임시정부 수립의 모체가 되었다는 점에서 주목되는 것이다.[2]

'선언'의 강령은 모두 7개항으로 되어 있는데, 앞의 3개항은 임시정부 수립에 관한 것이고, 뒤의 4개항은 운영에 관한 것이다. 제1항은 "해외 각지에 현존한 단체의 대소, 은현을 막론하고 규합 통일하여 유일무이의 통일기관을 조직한다"고 하여, 민족대회의 또는 임시의정원과 같은 것을 만들자는 것이었다.

2　조동걸, 「1917년의 대동단결선언」, 『한국학논총(10)』, 국민대학교, 1987.

제2항은 "중앙총본부를 상당한 지점에 치(置)하여 일절 한족을 통합하여 각지 지부로 관할구역을 명정한다"고 하여 최고 행정부를 두고 그 산하에 지역별로 지부를 두자는 것이다.

제3항은 "대헌(大憲)을 제정하여 민정에 합한 법치를 실행한다"고 하여 헌법의 제정과 법치주의를 천명하였다.

제4항은 "독립 평등의 성권(聖權)을 주장하여 동화의 마력과 자치의 열근(劣根)을 박멸하자"고 하여 국내문제에 대한 방책을 선언하고 있다.

제5항은 "국정을 세계에 공개하여 국민외교를 실행하자"고 하여 국제외교를 모색하였다.

제6항은 "영구히 통일적 유기체의 존립을 공고키 위하여 동지 간의 애정과 수양을 할 것"을 주장하였다.

제7항은 위의 실행방법으로 "기성한 각 단체와 덕망이 유한 개인의 회의로 결정할 것"이라고 하여, 제1항에서 결정한 회의에서 합의하여 실천한다는 것이다. 이어서 선언의 제일 끝에 찬동 여부의 회담통지서가 부착되어 있고, 단체와 개인에게 함께 발송 되었다.[3]

이상룡은 〈대동단결선언〉에는 참여하지 않았다. '않았다'는 표현보다 '못하였다'가 정확할 것이다. 연락(결)이 안 되었던 것 같

3   김삼웅, 『조소앙 평전』, 51~52쪽, 채륜, 1917.

다. 누구보다 단체들의 연대성을 중요시했던 그였다. 곧 후속조처가 진행되었다.

독립운동 단체 중광단을 이끌고 있던 길림성 여준의 집에서 1919년 1월 27일(음력) 집주인을 비롯 박찬익, 황상규, 김좌진, 정원택, 정운해 등이 모여 대한독립의군부를 조직하고, 다음날 의군부 회의를 열어 독립선언서를 작성하여 국내는 물론 구미에 보내기로 뜻을 모았다.

1917년 러시아에서 10월 혁명이 이루어지고, 1918년 1월 미국 대통령 윌슨의 14개조 평화원칙이 발표되는 등 급변하는 국제정세를 지켜보면서 독립운동가들이 이에 대처하고자 한 것이다.

1918년 11월 13일(음) 김교현을 첫 순서로 하는 독립운동가 39인의 명의로 「대한독립선언서」를 발표했다. 무오년이어서 일명 「무오독립선언서」로도 불리는 이 선언서에서 만주, 중국관내, 러시아, 미주의 대표급의 독립운동가들이 망라되었다. 국치 이래 최초의 일이다. 이상룡은 김동삼, 이시영 등 서간도의 지도자들과 함께 서명하였다. 다음은 서명자 명단이다.

김교현, 김규식, 김동삼, 김약연, 김좌진, 김학만, 여준, 유동열, 이광, 이대위, 이동녕, 이동휘, 이범윤, 이봉우, 이상룡, 이세영(이천민), 이승만, 이시영, 이종탁, 이탁, 문창범, 박성태, 박용만, 박은식, 박찬익, 손일민, 신성, 신채호, 안정근, 안창호, 임방, 윤세복, 조용은, 조욱(조성환), 정재관, 최병학, 한흠, 허혁, 황상규

국민의 '육탄혈전'을 촉구

「대한독립선언」은 조소앙이 부주석으로 활동한 무장투쟁 단체 대한독립의군부가 주체가 되어 서명자를 동원하고 문건을 기초하고 인쇄와 배포의 책임을 맡았다. 모필로 쓴 것을 석판으로 약 4000부를 인쇄하여, 국내외에서 활동하는 독립운동가들에게 배포하였다. 국내에 배포되었다는 단서는 아직 찾기 어렵다. 수취인(단체)들이 공개하기 어려웠을 것이거나, 보안상 해외 독립운동가에게만 배포했을 지 모른다.

'선언서'의 구성은 「독립선언서」라고 제(題)한 부분, 본문, 발표일자, 서명자 등 네 부분으로 구성되어 있는데, 본문은 35행으로 띄어쓰기와 마침표를 제외하고 1273자이며, 크게 네 부분으로 짜여 있다.

'선언서'는 먼저 '한일합병'의 무효를 선언하면서, 경술국치를 일본에 대한 주권의 양도가 아니라 융희황제의 주권포기로 간주하고, 그것은 국민에게 주권을 선양하는 것으로 해석하였다. 이어서 이 독립선언으로 일본을 응징해야 할 것으로 규정하고, 여러 가지 이유를 열거하면서 독립군의 총궐기와 한민족 전체의 육탄혈전을 촉구하였다.

'선언문'은 해외망명 독립운동지도자들이 국내 동포의 위임을 받아 주권을 행사하고 있다는 책임의식과 일본은 절대 타협할 수 없는 적(敵)임을 분명히 하고, 항일독립전쟁은 하늘의 인도와 대동평화를 실현하기 위한 신성하고 정의로운 전쟁이라는 점을 분명히 적시하였다. 따라서 민족의 독립은 자기희생의 비장한 결단에 의해 성취될 수 있다고 강조하였다.

「3·1독립선언서」가 비폭력적인 저항을 선언한 데 비해 「대한독립선언서」는 한민족 전체의 '육탄혈전'을 촉구하여 무장전쟁론을 제시한 것이다. 국내와 국외의 차이를 감안하더라도, 국망이후 지도급 독립운동가들의 '독립선언'에 '육탄혈전'을 천명한 것은 최초의 일이다.

'선언서'의 중요한 대목은 「앞으로의 행동강령 다섯 가지」부분이다.

1. 독립의 제일의 – 일체 방편으로 군국전제를 산제하야 민족평등을 전구(전지구)에 보시할 것.
2. 독립의 본령 – 무력 겸병을 근절하야 평균천하의 공도로 진행할 것.

3. 복국의 사명 – 밀맹(密盟) 사건을 엄금하고 대동평화를 선전
   할 것.

4. 입국의 가치 – 동권동수(同權同壽)로 일제 동포에 시(施)하야
   남녀 빈부를 제하여, 동현 동수로 지우노유에 균하야 사해인
   류를 토할 것.

5. 대한민족의 응시 부활의 구경의(究竟義) – 진하야 국제불의
   를 감독하고 우주의 진선미를 제현할 것.[4]

'선언서'의 핵심은 무어라 해도 '육탄혈전'의 대목이라 할 것
이다.

---

4 송우혜, 「'대한독립선언서' 세칭 '무오독립선언서'의 실체」, 『역사비평』, 여름호, 161쪽,
   1988.

암흑기의 선각 석주 이상룡 평전

8부
3·1혁명기의 활동

석주 어른께서는 당신의 450년 된 고택인 '임청각'을 매각해서 독립사업에 쓰려고 외아들인 나의 시아버님을 한국으로 들여보냈다. 아버님은 20누대의 종손으로서 가문도 내팽개치고 독립운동 한답시고 떠나갔던 사람이 독립달성도 못하고 고향에 다시 들어가려니 얼굴에 소가죽을 덮어 쓴 것 같더라고 나중에도 몇 번 말씀하시는 것을 들었다. 종손은 가문을 지켜야 하기 때문에 어느 집안도 종손이 망명을 떠나는 법은 없단다. 그런데 석주 어른께서는 종손이면서 집안일보다 국가안위가 더 우선이라 하며 떠났으니 문중에서 좋아할 리가 없었다.

한족회와 군정부조직 책임 맡아

「무오독립선언서」가 발표되고 뒤이어 일본 도쿄에서 「2·8독립선언」 그리고 1919년 3월 1일 기미 독립선언이 서울에서 선포되었다. 병탄 9년 만에 그야말로 거족적인 만세운동이 전국에서 일어났다.

항일 자주독립의 만세시위는 국내뿐만이 아니었다. 한인이 사는 해외에서도 전개되었다. 만주 서간도의 중심지역인 삼원포 통화현에서는 3월 12일, 북간도의 중심지역인 용정에서는 13일, 훈춘에서는 20일, 봉천에서는 21일 각각 시위가 있었으며, 그밖에도 교민이 사는 중국 여러 곳에서 시위운동이 있었다.

3·1혁명 후 서간도에는 많은 한인들이 국경을 넘어왔다. 어느 때보다 조국독립에 대한 열기가 고조되었다. 이상룡이 노심초사 기다리던 때가 오고 있었다. 그는 기회를 놓치지 않고 서둘렀다.

이상룡은 서간도 각 지역 한인사회의 지도자들과 독립운동 단체의 대표들을 삼원포로 불렀다. 이들은 며칠 동안을 협의하고 숙고한 끝에 각 단체를 해체하고 하나의 대단위 단체를 만들어 그를 중심으로 서간도 독립운동기지를 이끌어 가기로 합의하였다. 그리하여 1919년 4월 탄생한 것이 한족회(韓族會)였다.

한족회는 중앙조직과 지방조직을 두고 중앙에는 총장을, 지방에는 총관을 임명하여 단체를 이끌어 가기로 하였다. 중앙에는 서무, 외무, 법무, 학무, 재무, 군무 등 조직을 분담해 효율적으로 이끌어 갈 부서를 두었다. 그리고 유하, 통화, 환인, 홍경, 집안, 임강, 해룡 등 한인이 살고 있는 서간도 전 지역에 지방조직을 설치하기로 하고, 그 규모에 따라 구(區), 소분구(小分區) 등을 만들어 관리하기로 하였다.[1]

본부를 삼원포에 둔 한족회는 과거 이상룡이 이끌었던 부민단, 자신계 등의 조직을 통합, 흡수하여 서간도지역의 거대한 한인 자치기구로 출발했다. 신흥학교 출신들도 다수 참여함으로써 무장투쟁을 위한 준비를 하고, 이주한인사회의 결속을 위해 기관지 「한족신보」를 발행했다. 얼마 후 「새벽달」로 제호를 바꾸었다.

이상룡을 대표로 하는 한족회의 중앙부서는 다음과 같다.

---

1 채영국, 『서간도 독립정신의 개척자, 이상룡의 독립정신』, 140-141쪽.

중앙총장: 이탁

중앙위원회위원: 이상룡, 박건, 주진수, 왕삼덕, 정무, 윤복단,
　　　　　　　김정재, 이휘림, 김창무, 안동식

총무사장: 김동삼, 총무차장: 김자순

학무사장: 양규열, 학무차장: 윤기섭

외무사장: 곽문, 외교원: 허식

사판사장: 이진산, 사판차장: 남정섭

검무사장: 최명수, 검무차장: 안동원

검독: 성인수, 검찰: 안병모

한족신보 주필: 이시열[2]

이상룡은 이어서 1919년 4월 초순 고산자에서 기존 단체들을
바탕으로 준정부 수준의 군정부(軍政府)를 발족했다. 국내외에서
항일의기가 흘러넘치는 시기에 무장전쟁의 전위 조직으로 만들
기 위해서였다.

1919년 3월 1일 국내에서 만세운동이 전개되었고 그 영향은
곧 만주지역에도 미치게 되었다. 그리하여 1919년 4월 초순에는
류허시엔 고산자에서 독립전쟁을 실현할 군사정부인 군정부(軍政

2　김병기, 『만주지역 통합운동의 주역 김동삼』, 86쪽, 독립기념관, 2012.

府)가 이상룡 등에 의하여 기존단체를 바탕으로 하여 조직되기에 이르렀다. 군정부는 무장투쟁을 위한 군사정부였으며, 따라서 군정부에서는 군대를 편성하고 압록강을 건너 국내로 진공할 계획을 수립함은 물론, 무장투쟁을 전개하기 위한 조직체계도 완비하였다.

그 결과 이상룡이 최고 책임자인 총재에 임명되었고, 여준(呂準)이 부총재, 그리고 이탁(李沰)이 참모장을 각각 담당하게 되었다. 군정부는 재만 동포들의 자치기관을 설치하고자 하였는데 그것은 이 기관을 통하여 독립전쟁을 효과적으로 전개하기 위한 인적·물적 자원을 제공받기 위해서였다.[3]

---

3 박환, 「서로군정서」, 『한국독립운동사 사전(5)』, 83쪽, 독립기념관, 2004.

'군정부' 조직 중 임정수립 되자 '서로군정서' 창설

이상룡과 서간도의 독립운동 지도자들이 한족회와 군정부를 조직하면서 무장전쟁을 준비하고 있을 때 상하이에서는 대한민국 임시정부가 출범하였다. 1919년 4월 11일 임시의정원에서 임시헌장(헌법)이 통과하고 국호를 대한민국, 정체를 민주공화국으로 하는 임시정부가 출범한 것이다. 초기내각 명단이다.

> 국무총리 이승만
> 내무총장 안창호
> 외무총장 김규식
> 재무총장 최재형
> 군무총장 이동휘
> 법무총장 이시영
> 교통총장 문창범

소식을 들은 이상룡은 군정부 윤기섭을 대표로 삼아 상하이

로 파견하여 두 기관의 장차 있을 일에 관해 협의토록 했다. 서간
도에서 파견된 대표는 임시정부의 인사들과 다음과 같은 것들을
결정하고 돌아왔다.

첫째, 국내외 모든 독립운동을 통제, 지도할 임시정부의 위치
는 국제외교상 상해가 적합하므로 그곳에 두도록 한다.

둘째, 무장 독립군의 국내 진입 활동은 만주가 적합하므로 독
립군을 지휘할 군정부는 만주에 설립하도록 한다.[4]

이상룡이 조국의 자주독립을 쟁취하고자 서간도에 군정부를
세워 뜻을 펴고자 할 때 상하이에서 임시정부가 수립되었다. 굳
이 '정부'의 명칭을 고집할 이유가 없었다.

한민족이 어찌 두 개의 정부를 가질 수 있겠는가? 정부를 상하
이에 양보하기로 하고 우리는 "군정부를 군정서로 고치자"라고
자신의 의견을 말했다. 이상룡의 의견은 곧 임시정부에 전해졌고
임시정부는 서간도 대표와 타협한 안과 이상룡의 뜻을 1919년
11월 17일 대한민국 임시정부 의정원에 상정 통과시켰다.[5]

임시정부와 합의에 따라 국내진공 활동의 무장독립군은 만주
에 두기로 하면서, 군정부는 명칭을 서간도에 위치한다 하여 서

---

4 채영국, 앞의 책, 141쪽.
5 앞의 책, 142쪽.

로군정서(西路軍政署)로 바꾸었다.

서로군정서는 독판제(督辦制)로 운영되었다. 즉 최고지휘부인 독판부 아래에 무장활동을 담당하는 사령부, 참모부, 참모처 등을 두었으며, 무장활동을 적극적으로 전개할 수 있도록 보조해 주는 정무청, 내무사, 법무사, 재무사, 학무사, 군무사 등을 설치하였다. 이 밖에 입법 및 주요 안건의 결정기관으로서 서의회(署議會)를 두었으며, 지방조직으로는 분서(分署)를 두어 무장독립운동의 효율성을 꾀하고자 하였다.

서로군정서에서 활동한 주요 인물을 보면, 독판 이상룡, 부독판 여준, 정무총장 이탁, 내무사장 곽문, 법무사장 김응섭, 재무사장 남정섭, 학무사장 김형식, 군무사장 양규열, 참모부장 김동삼, 사령관 지청천 등이다.[6]

서로군정서는 정부 호칭은 상하이 쪽에 양보했으나 조직은 여전히 정부형태를 띄고 있었다. 다만 무장 독립전쟁을 위한 부서가 강화되고, 무관학교 출신들이 그 책임을 맡았다. 비슷한 시기 북간도에서 활동하던 서일, 김좌진 등의 북로군정서가 조직되어 서북간도의 양대 독립운동기관이 임시정부 산하의 군사기관으

---

6 박환, 앞의 책, 83쪽.

로 자리잡았다.

군사를 육성하려면 막대한 군자금이 필요했다. 한족회 등 한인 자치단체들의 헌금이 요청되었으나 교민들 역시 하나같이 생활이 어려운 터라 여의치 않았다. 국내에 비밀요원을 파견했지만 성과는 미미했다. 3·1혁명 이후 더욱 살벌해진 총독부의 감시와 탄압으로 접근이 어려웠다. 서로군정서는 군자금의 어려움으로 대규모 군사력보다 게릴라전으로 전략을 바꾸었다.

서로군정서에서는 모집된 군자금과 독립군을 바탕으로 국내 및 서간도 지역의 친일세력을 제거하는 한편, 국내로 들어가 적 주재소와 관공서를 습격·파괴하는 활동을 전개하였다. 먼저 친일세력 제거 상황에 대해 살펴보면 이것은 서간도와 평북지역을 중심으로 1919-1922년까지 4년간 간헐적으로 이루어지고 있었다. 그리고 그 대상은 국내의 친일파 관료, 적의 밀정 및 서간도 지역의 친일단체인 보민회, 거류민회 등의 간부들이 포함되어 있었다.

이러한 친일세력의 제거는 주로 서로군정서의 핵심부대인 의용군 제1중대에 의하여 이루어졌으며, 이 부대는 1914년 통화시엔에서 무장부대인 백서농장을 운영하던 채찬, 신용관에 의해 지도되었다. 이후 채찬 등에 의하여 세력이 확충되어 병력이 900명에 달하였으며, 본부는 지안시엔, 통화시엔 등지에 두었다.

국내에서의 활동은 주로 평안북도 지역에서 이루어지고 있었는데 이것은 서로군정서가 위치하고 있는 서간도 지역과 평안북도 지역이 지리적으로 인접해 있기 때문이었다. 뿐만 아니라 서로군정서에서는 1920년 5월 문명식 등 신흥무관학교 출신들이 경북 지역에서 관공서 폭파사건을 주도하였으며, 8월에는 미국의원단이 서울에 들어오는 기회를 이용하여 군정서원들이 조선총독의 암살과 적 기관의 폭파 등을 추진하기도 하였다.[7]

---

7 앞의 책, 85-86쪽.

암흑기의 선각 석주 이상룡 평전

아들 보내 군자금 모으고 체코제 무기구입

이상룡이나 만주에서 무장독립전쟁을 준비하고 있던 독립운동가들은 임시정부가 본부는 상하이에 두고 무장독립전쟁 기관을 만주에 두기를 기대하였다. 양측 사이에 이미 합의된 사항이기도 했다. 그러나 국무총리 이승만은 미국에서 부임하지 않고, 여전히 실현성이 없는 '외교론'에 머물러 있었다.

비록 서로군정서가 임시정부 산하로 편입되었으나 많은 분야에서 자율권을 유지하였다. 임시정부에서 무장전쟁에 이렇다 할 방략을 보이지 않으므로써 이상룡은 신흥무관학교와 접촉하면서 독자적인 준비에 나섰다.

군사력은 신흥무관학교 출신들과 3·1혁명 후 국내에서 다수의 의기 넘친 청년들이 찾아와서 때를 기다리고 있었다. 하지만 전쟁은 의기만으로 되는 것이 아니다. 성능이 좋은 무기가 있어야 했다. 첩보에 따르면 1차 세계대전 중 연해주 블라디보스토크에 출병했던 체코군이 정세의 변화에 따라 자국으로 돌아가면서 자신들이 사용했던 무기를 팔고 있다는 사실을 알게 되었다.

이상룡은 그동안 이주 한인들의 의연금과, 이런 날에 대비하여 아들 준형을 은밀히 고향으로 보내 남아있는 재산을 팔아오도록 하여 모아둔 자금이 있었다. 손부 허은 여사의 기록이다.

> 석주 어른께서는 당신의 450년 된 고택인 '임청각'을 매각해서 독립사업에 쓰려고 외아들인 나의 시아버님을 한국으로 들여보냈다. 아버님은 20누대의 종손으로서 가문도 내팽개치고 독립운동 한답시고 떠나갔던 사람이 독립달성도 못하고 고향에 다시 들어가려니 얼굴에 소가죽을 덮어 쓴 것 같더라고 나중에도 몇 번 말씀하시는 것을 들었다. 종손은 가문을 지켜야 하기 때문에 어느 집안도 종손이 망명을 떠나는 법은 없단다.
> 그런데 석주 어른께서는 종손이면서 집안일보다 국가안위가 더 우선이라 하며 떠났으니 문중에서 좋아할 리가 없었다.
> 문중에서 임청각 매각을 반대했다. 또 일본의 눈치도 봐야하는 난관도 있었다. 문화재라 그랬던가 봐. 어떻게 해서든 팔아 보려고 중간에 사람도 놓아 보았으나 뜻대로 되지 않았다. 문중에서 할 수 없이 돈 500원 만들어 주었다.[8]

이상룡은 서로군정서 대원 김준에게 지시하여 김준과 김봉학

---

8 허은, 앞의 책, 109쪽.

등 정예대원 14명이 블라디보스토크에 가서 무기를 구입해 오도록 했다.

　대원들은 블라디보스토크에 있는 독립운동자들을 찾아가 그들의 도움을 받아 암시장에서 무기를 구입하였다. 구입한 무기의 종류는 소련제 5연발 권총과 단발총, 미국제나 독일제, 그리고 일본제 등의 30년 및 38년식 소총이었다. 또 루거식, 남부식, 7연발식 권총도 있었으며, 비싼 값이긴 하지만 기관총도 구입할 수 있었다. 탄환도 돈이 되는대로 구입하였다. 이렇게 구입한 무기를 대원들은 1인당 힘이 되는 대로 2-3정씩 소지하고 오던 길을 되돌아 서간도의 군영으로 향했다.[9]

　대원들은 중국군과 러시아군의 진지를 피해 수백리 길을 무거운 무기를 메고 깊은 산중을 걸어 무사히 귀환하였다. 이상룡은 아들이나 조카와 같은 대원들의 목숨을 건 노고를 치하하면서, 지청천 사령관으로 하여금 전략을 세우도록 하였다.

9　채영국, 앞의 책, 148쪽.

게릴라전으로 일제에 타격

이상룡은 신식무기를 입수하고 조직을 확대하면서 기회를 노렸다. 고향에서 아들이 가져온 자금은 무기구입으로 대부분 사용하였다. 본격적인 항일전을 위해서는 군자금이 필요했다.

서로군정서는 군자금을 마련하기 위해 한족회가 중심이 되어 그 관할구역인 유하현, 화룡현, 통화현, 관전현 등지의 한인들에게 1호당 1원 5각의 군자금을 부과하였는데, 그 호수는 1만여 호에 이르렀다. 이밖에 지리적으로 인접한 평안도지역, 서로군정서 지도부와 연고가 있던 경상도 등에 특파원을 파견하여 자금을 모집하였던 것으로 보인다.[10]

선전활동도 활발히 벌였다. 주2회 발행하는 기관지 「새배달」은 순 한글신문으로 우리나라 역사와 지리를 비롯하여 교민사회

---

10 황민호·홍선표, 『3·1운동 직후 무장투쟁과 외교활동』, 40쪽, 독립기념관, 2008.

암흑기의 선각 석주 이상룡 평전

의 정보와 항일투지를 담은 논설을 실었다. 서로군정서의 중점사업은 신흥무관학교를 통한 우수한 독립군의 교육, 훈련이었다.

서로군정서가 가장 역점을 두었던 사업은 독립군양성의 근간을 확립하기 위한 신흥무관학교의 운영과 확대였다. 서로군정서에는 3·1혁명 이후 늘어나는 애국청년들을 수용하고 이들에게 군사훈련을 실시하기 위해 근대적인 군사교육기관인 신흥무관학교를 건립하였다. 신흥무관학교는 1911년 5월 7일 신흥강습소를 출발로 한인 청년들에 대한 군사교육을 시작했다.

초기의 학생은 최소한 40명 정도였으며, 음력 12월 18일에 연종시험과 진급포상회가 개최되어 본과 학생 중 반장과 우등자 5명, 소학과 학생 중 반장과 우등자 4명이 포상을 받았다. 이후 신흥강습소는 1913년 5월 새로운 교사를 갖추고 교명도 신흥중학으로 변경하였으며, 3·1운동 이후 신흥무관학교로 발전하는 등 독립군 양성의 요람이었다.[11]

이상룡은 서로군정서의 총재 또는 독판의 위치에서 15차례에 걸쳐 대원들을 국내에 진공시켜 게릴라전으로 일제를 타격하였다.

---

11 앞의 책, 41쪽.

서로군정서의 국내 전투상황 일람표[12]

날짜	성명	소속	대상	장소	상황	방법 및 기타
1919.5.25			주재소	함경남도 삼수	순사2명 사살	
1919.7.5			주재소	삼강 (三江)		습격
1919.7.9	김락현 이병철	의용대	사무소	평북 강계	동시판, 현금 150원 압수	한족회 감찰관, 의용대 간부
1920. 5	문상식 외 7인	신흥 학우단	관공서	경북		폭파
1920. 7			일경 4인	평북 의주	독립군 2명 전사	
1920. 8	한우석 김동순		조선 총독	서울		실패
1920. 8		의용대 유격대	일본 경찰대	평북 강계		
1922. 9	김만영	의용 결사대	일경	평북 강계 대동, 강동	김영만 순국	
1922. 12	김택춘 이용담	별동대원	주재소	평북 삭주	소각	습격
1923. 봄	전용휴	제1중대		평북 강계	파괴	
1923. 6.1	전용휴	제1중대	경찰서	평북 강계	경찰 1명 사살	
1923. 10월 말	김종호	제1중대		평북 강계		
1923	박제순	차천리 부대	영림창 안전연광	평북 후창		

1923. 11	차천리	차천리 부대		평북 후창	우편물 압수	
1923. 11	전용휴	제1중대		평북 자성		

---

12 박환, 「서로군정서」, 『만주한인민족운동사 연구』, 57쪽, 일조각, 1991.

9부
무장독립전쟁 시기

봉오동전투와 청산리전투는 국치 이래 독립군이 이룬 가장 빛나는 대첩
으로 꼽힌다. 독립군 중에는 신흥무관학교 등 군관학교 출신이 적지 않았
고, 다수는 나라를 되찾겠다는 의기로 모여든 무명의 청년들이다. 반면에
적군은 일본 정규군에서 선발된 자들이고 현대식 병기로 무장한 최강의
병력이었다.

만주독립군 봉오동, 청산리대첩 이뤄

1920년 여름 서로군정서를 비롯하여 북로군정서, 대한독립군, 대한국민군, 훈춘국민회, 대한광복단, 대한의민단, 신민단 등 우리 독립군 부대들은 단독으로 또는 연대하여 국경을 넘나들면서 혹은 내륙 깊숙이 진공하여 일본 경찰서를 파괴하고 친일파를 척결하였다.

이에 일본군은 남양수비대를 중심으로 정규군 병력과 헌병경찰 중대를 동원하여 두만강을 건너 독립군 부대를 추격하기 시작했다. 일제는 삼둔자에서 무고한 한인교포들을 집단 학살하는 만행을 저질렀다.

이 같은 상황에서 독립군 지도자들은 연대하여 1920년 6월 봉오동과 같은 해 10월, 홍범도와 최진동은 봉오동에서 일본군을 유인하여 섬멸하고자 결정하고, 김좌진은 서로군정서 등 연합군과 청산리에서 일제 정규군과 10여 차례 싸워 대첩을 이루었다.

상하이 대한민국 임시정부 군무부는 '봉오동전투'에서 일본군은 사망 157명, 중상 200여 명, 경상 100여 명을 내고 참패했다고 보고했다. 한편 독립군의 피해는 전사 4명 중상 2명뿐 경미한 것이 전부였다. 우리 독립군은 봉오동전투에서 대승리를 쟁취한 것이다.

무장독립운동 단체 북로군정서 총재 서일은 1921년 1월 15일 상하이 임시정부에 청산리 대첩에 관해 다음과 같이 보고하였다.

독립군의 전승(全勝) 이유

① 생명을 돌보지 않고 분용결투하는 독립에 대한 군인정신이 먼저 적의 심기를 압도한 것.

② 양호한 진지를 선점하고 완전히 준비를 하여 사격 성능을 극도로 발휘한 것.

③ 임기응수변의 전술과 예민신속한 활동이 모두 적의 의표에서 벗어나서 뛰어난 것.

청산리전쟁은 크고 작은 10여 차례의 전투가 있었다. 정리하면 ① 백운평 전투 ② 완루루 전투 ③ 천수평 전투 ④ 어량촌 전투 ⑤ 맹개골 전투 ⑥ 쉬구 전투 ⑦ 만기구 전투 ⑧ 천보산 전투 ⑨ 고동하 골짜기 전투 등이다. 독립군은 10전 10승을 이루었다.

10월 21일부터 시작된 전투는 26일 새벽까지 꼬박 6일 동안 밤낮으로 추위와 기아 속에서 전개되었다. 봉오동전투 때와는 달리 날씨는 맑은 편이었으나, 이 지역 10월 하순은 서리가 내리고 눈이 쌓이는 등 대단히 추운 계절이었다.

봉오동전투와 청산리전투는 국치 이래 독립군이 이룬 가장 빛나는 대첩으로 꼽힌다. 독립군 중에는 신흥무관학교 등 군관학교 출신이 적지 않았고, 다수는 나라를 되찾겠다는 의기로 모여든 무명의 청년들이다. 반면에 적군은 일본 정규군에서 선발된 자들이고 현대식 병기로 무장한 최강의 병력이었다.

상하이 임시정부 기관지 「독립신문」은 통칭 '청산리대첩'에서 일본군의 전사자를 약 1200명이라고 추산하고, 중국신문 「요동일일신문」은 약 2000명이라고 보도하였다. 임시정부 제2대 대통령 박은식은 일본군 사망자가 약 2000명이라고 추정하였다. 독립군의 희생은 극소하였다.

사망 1인, 상이 5인, 포로 2인.
아군의 전리품
기관총 4정, 소총 53병, 기병총 31병, 탄약 5천발, 군도 5병, 나팔 3척
마안(馬鞍) 31차, 군용지도 4부, 완시계 4개, 기타 피복, 모자, 모포, 휴대천막, 군대수첩 등속 약간

봉오동전투와 청산리대첩의 역사적 평가

독립군 연합부대가 참전하여 이룬 봉오동전투와 청산리대첩의 역사적 의미와 평가를 정리하고자 한다.

첫째, 국치 10년 만에 최초의 항일전에서 승리한 전승이었다. 국난, 국치, 국망의 과정에서 수많은 의열, 의병투쟁이 있었지만 대부분 개인 또는 소수에 의한 자기희생적인 투쟁이었다. 그런데 봉오동전투는 800명, 청산리전투의 경우 5개 연합부대 1200명의 독립군이 참전하였다. 대한제국 군대가 1907년 강제해산된 후 최대 규모의 독립군이 편성되고, 게릴라전이 아닌 정규전으로 대승하였다.

둘째, 1919년 3·1혁명이 일제의 야만적인 학살작전으로 수많은 희생자를 낸 채 무참하게 진압된 후 국내의 의혈청년들이 국경을 넘고, 오래 전부터 만주일대에서 무장전쟁을 준비해온 독립군 지도자들과 힘을 모아 항일전쟁을 치렀다. 그런 의미에서 3·1혁명의 연장전이다. 3·1혁명이 비폭력 항쟁인데 반해 양대 전투는 무장전쟁이었다.

셋째, 상하이에서 수립된 대한민국 임시정부가 국무총리 이승만의 비현실적인 외교노선에 빠져있을 때, 만주지역 우리 독립군의 무장전쟁은 임시정부의 노선을 바꾸는 계기가 되고, 이후 임시정부는 한인애국단에 이어 한국광복군을 창설하게 되었다.

넷째, 1876년 불평등한 강화도조약 이래 일방적으로 당해온 일제의 침략과 만행 그리고 수탈로 패배의식에 사로잡혀 있던 한민족이 봉오동, 청산리대첩으로 다시 자신감을 회복하게 되고, 이후 일제패망 때까지 국내외에서 그치지 않고 독립운동을 전개할 수 있는 상무정신의 사상적 모태가 되었다.

다섯째, 일제는 우리 독립군을 전투력이 없는 오합지졸로 얕보았다가 두 차례나 패전을 겪은 수모를 당하였다. 봉오동전투에서 참패한 일본군은 최신무기로 무장한 정예 제19 사단 병력을 주축으로 각 사단에서 차출하여 2만 5천 명 규모의 군사력을 동원했으나 이번에도 결과는 참담한 패배였다. 이후 일제는 한국 독립군을 두려워하게 되었다.

여섯째, 우리 독립군은 오래 전부터 본격적인 항일전에 대비하여 블라디보스토크에 체류중이던 체코군단으로부터 기관총 등 현대식 무기를 구입하여 국치 이래 최초로 무장을 할 수 있었다. 또한 신흥무관학교 출신 군관들로부터 현대식 군사훈련을 받고 치밀한 작전으로 일본군을 물리치게 되었다. 이후 중국에서 활동하는 우리 독립운동 단체들은 하나같이 무장독립운동을 목표로 삼았고 군사훈련과 신식 무기 구입을 서둘렀다.

일곱째, 청산리대첩은 각지에 산재해 있던 독립군 부대가 대표 자회의를 열어 홍범도 장군을 사령관으로 추대하고 하나의 독립 군연합부대를 편성하여 일제와 싸워 승리하였다. 독립운동 세력 의 연대는 이후 중국 관내 독립운동가들의 유일당운동과 임시정 부의 좌우합작정부수립으로 이어졌다. 국내에서는 신간회운동으로 나타났다.

여덟째, 두 전투의 승리는 중국 정부와 인민들에게 일제에 대한 적대감을 갖게 하고 한국 독립운동가들에 대한 인식을 새롭게 하는 계기가 되었다. 일제는 봉오동전투에서 패배한 후 보복으로 경신참변을 일으켜 간도지역 한인마을을 습격, 극히 제한된 통계를 통해서도 살해된 한인이 3700여 명, 불탄 가옥이 3300여 채에 이르렀다. 이같은 만행은 국내외 동포들의 대일 증오심과 독립정신을 불러왔다.

아홉째, 양 대첩에 참전했던 이청천·이범석 장군 등이 한국 광복군을 이끄는 지도자가 되고, 황학수, 오광선, 조경한, 고운기 등 간부들은 대한민국 임시정부와 한국광복군의 주요 리더로 활동하였다. 임시정부가 외국땅에서 군사력을 보유하고, 이를 바탕으로 일제에 선전포고를 할 수 있었던 것은 이들의 실전경험이 있었기에 가능했다.

열째, 조선왕조는 일본의 무력 앞에 번번히 수많은 희생을 치르고 국권을 빼앗겼다. 임진왜란 때는 조총, 동학혁명 때는 무라타소총, 을사늑변 전후에는 고성능 대포까지 끌고 왔다. 봉오·청산 양대 전투에서 우리 독립군이 대승을 한 것은 프랑스제 대포, 영국제 수류탄, 러시아제 기관총, 독일제 소총, 벨기에제 권총 등으로 무장했기 때문이다. 연해주에 출병해 있던 체코군들이 그들의 나라로 철수하면서 러시아로부터 제공받았던 무기를 우리 독립군이 구매하였던 것이다.

목에는 거액 현상금, 보복전에서 재기

봉오동, 청산리 전투에서 참패한 일제는 잔인무도한 보복전에 나섰다. 인근은 물론 멀리 떨어져 있는 조선인 마을까지 덮쳐 닥치는대로 살상하고 불지르고 약탈했다. 독립군을 도왔고 한인이라는 이유였다. 실제로 이들의 도움으로 일본군의 움직임 등 첩보와 보급지원 등 큰 도움을 받은 경우도 있었지만, 전투 현장에서 멀리 떨어진 마을의 주민들은 영문도 모르는 채 참변을 당하였다.

1920년 10월 9일부터 11월 5일까지 27일간 간도 일대에서 일본군에 학살된 한인은 3469명이고, 이후 3, 4개월 동안의 희생자는 5000여 명에 이르렀다. '경신참변'으로 불리는 일제의 야만성은 이에 멈추지 않았다.

일제는 중국 마적단을 매수하여 훈춘의 일본총영사관을 습격케 하고 이를 빌미로 조선주둔군 제19, 20사단, 시베리아 출병군 11, 13, 14사단, 만주파견 관동군 등에서 2만 명을 차출하여 만주에 투입했다. 이 출병군을 3개 지대로 편성하여 독립군 학살전을 전개하였다.

1단계는 작전개시일로부터 1개월 내에 독립군을 섬멸하고 그 근거지를 박멸하는 것이며, 2단계는 1단계 작전 이후 1개월 내에 민간에 잠복한 독립군과 민간인 독립운동가를 철저히 색출함으로써 한국 독립운동의 뿌리를 완전히 제거한다는 전략이었다. 10월 16일 독립군 소탕작전이 개시되었다. 그러나 처음부터 일본군은 소탕작전에 실패하고 있었다.

일본군의 출병 이전에 이와 같은 사태가 올 것을 미리 예상한 한국독립군은 안전지대로 이미 피신하였거나 피신 중이었다. 독립군 부대들은 소·만 국경을 넘어 연해주로 이동한 것이다. 일본군은 한국독립운동의 근거지를 박멸한다는 미명 아래 무고한 재만 한인에 대하여 무차별 학살을 감행하였다.

이상룡은 이때 삼원포에서 동북방향으로 200여 리 떨어진 화전현에 머물고 있었는데, 그의 목에는 독립군의 수령이라 하여 거액의 현상금이 걸려 있었다. 동포 중에는 악질 친일파로 이상룡과 같은 인물에게 현상금이 걸리면 현상금을 타기 위해 일본군의 첩자노릇을 하는 자도 있었으나 그런 자들은 극히 일부였다.

자신의 몸은 이미 늙은 몸이니 일본놈들에게 잡혀 죽은들 독립운동에 얼마나 손해가 나겠는가 하고 이상룡 자신은 태연하였지만, 서로군정서의 독립군들과 주변의 동포들이 그를 산속 깊이 이사를 시켜놓고 보초를 서며 보호하였다. 산속에 앉아 있는 중에도 동포들과 독립군들이 여기저기서 일본군의 총과 칼에 맞아 죽어가고 있다는 소식이 들려왔다. 이상룡은 그 원수를 기필코 조국을 되찾아 갚겠다고 다짐하고 또 다짐하였다.[1]

이상룡은 재기를 서둘렀다. 두 차례 대첩 과정에서 독립군 전우들의 희생과 일제의 보복으로 수많은 동포들의 학살을 들으면서 재기하여 반드시 민족적인 한을 풀어내겠다고 다짐했다. 러시아령 해삼위나 밀산 등으로 이동하지 않은 대원들을 불러 모았다.

이 시기 그는 63세의 고령이었다. 그동안 힘겨운 삶을 살아오면서 많이 여위고 노쇠했으나 투혼은 조금도 사그라들지 않았다. 얼마 후 동지들이 다시 모여서 축소되기는 했지만, 서로군정서 조직을 부활시킬 수 있었다. 청산리전투에 참전했다가 밀산으로 갔던 대원 중에는 소식을 듣고 돌아온 동지들도 적지 않았다.

---

1 채영국, 앞의 책, 174쪽.

10부
이승만 탄핵 이후

임정 국무원 사진 1919년 10월 11일 대한민국 임시정부 국무원 기념사진
첫째 줄 왼쪽부터 신익희, 안창호, 현순, 둘째 줄 김철, 윤현진, 최창식, 이숙춘.

이승만의 위임통치론 극력반대

1920년을 전후하여 임시정부 안팎의 독립운동가들의 주장은
대체로 첫째, 이승만의 위임통치 청원과 같은 외교적 활동론. 둘
째, 안창호 등의 때를 기다리며 실력을 배양하고 준비하자는 실
력양성론. 셋째, 이동휘, 박용만 등 즉각적인 독립투쟁을 주장하
는 무장투쟁론으로 분류되었다.[1]

미국에 망명 중이던 이승만은 정한경과 함께 3·1혁명 직전인
1919년 2월 25일 대한인국민회 명의로 윌슨 미국 대통령에게
한국의 위임통치를 청원했다. 다음은 청원의 주요 부문이다.

오인은 자유를 사랑하는 2천 만의 이름으로 각하에게 청원하
노니 각하도 평화회의에서 오인의 자유를 주창하여 열석한 열강
으로 하여금, 먼저 한국을 일본의 학정에서부터 탈출하게 하여
장래 완전 독립을 보증하게 하고 당분간은 한국을 국제연맹 통

---

1   이정식, 『한국민족주의와 정치학』, 178-179쪽 발췌, 한밭출판사, 1982.

암흑기의 선각 석주 이상룡 평전

치 밑에 두게 할 것을 빌며, 이렇게 될 경우 대한반도는 만국 통상지가 될 것이며, 그리하여 한국을 극동의 완충국으로 혹은 1개 국가로 인정하게 하면 동아대륙에서의 침략정책이 없게 될 것이며, 그렇게 되면 동양평화는 영원히 보전될 것이다.

공식으로 세계대전에 참가할 수 없었던 국가를 위해서 이와 같이 해 주는 것이 어려운 일인 것을 우리도 모르는 바 아니다. 그러나, 우리나라 인민도 전쟁시에 수천 명의 청년이 러시아의 의용군으로서 연합군을 위해 종군 출전하고, 또 미국에 제류하는 한인 등도 자기의 적성과 역량에 따라서 공화원리를 위하여 인력과 재력을 바쳤던 것이다.

그리고, 한국에 있는 미국 선교사와 상업상과의 관계에 대하여서도 미국에서 한국의 정상과 같이 등한히 할 수 없는 것이다. 우리 한국 이민 등에 미국에서 한국을 원조하기 위하여 한·미조약을 잊은 일이 없고, 한국인 등은 미국의 동정을 배반한 하등의 행위를 한 일이 없다.

미국은 이와 같이 민족 자결주의를 가진 한인을 원조할 의무를 가진 외에도 또 하나 생각하지 않으면 아니 될 것은 미국 자체의 권리와 이익을 위하여서도 일본이 극동에서 침략한 것을 등한히 생각할 수 없고, 또 자유를 사랑하는 2천만 한인으로 하여금 시대착오적 국가의 속박을 받게 하는 것은 민주정책주의 안전에 발전이 되지 못하는 것이다. 영원한 평화를 창조하려는 각오의 그 근본 대지가 발달한 모든 국가의 갈망을 만족하게 할 것으로 믿으며, 이 대지는 평화회의에서 모든 것을 규정하는 데에 모범이 될 것이다. 이 대지 속에 한인을 위한 국가적 갈망을 포함하고 있는 것은 묻지 않아도 알 것이다.

오인이 간절히 바라는 바 각하께서 잘 알선하여 한국 인민으로 하여금 천부의 자유를 구유하게 하고, 한국 인민으로 하여금 자기가 원하는 정부를 자기가 건설하여 그 정부 밑에서 생활하게 하도록 해 주기를 바람.

대한인국민회 중앙총회 임시위원회

이승만, 정한경[2]

이승만의 위임통치 청원은 임시정부가 개원하여 내각을 구성하기 위한 임시의정원 첫 회의 (1919년 4월 11일)에서부터 그를 국무총리로 선임해서는 안 되는 이유로 제기되었다. 이것은 이상룡을 비롯하여 무장투쟁론자들의 일반적인 견해이기도 했다.

의정원회의에서 신채호는 "이승만은 이완용보다 더 큰 역적이다. 이완용은 있는 나라를 팔아먹었지만 이승만은 아직 나라를 찾기도 전에 팔아먹은 자이다"라고 성토하고 "전자(前者)에 위

---

2 『독립운동사자료집(9)』, 510~512쪽, 독립기념관, 1987.

임통치 및 자치문제를 제청하던 자이니 그 이유로서 국무총리로 신임이 불가능하다"[3]고 주장하며 회의장을 떠났다.

이승만의 위임통치 청원 사실은 미국의 주요 신문에도 보도되었다.

대한인국민회는 윌슨 대통령이 파리강화회의에서 한국의 독립을 위해 함께 힘써 줄 것을 요청했으며, 동시에 국제연맹이 한국을 '완전한 자치 통치에 적합하다'고 인정할 때까지 다른 나라가 위임통치해 줄 것을 요청했다.

대통령에게 보낸 서신의 사본이 정한경과 함께 미국에 온 대한인국민회의 사절인 이승만에 의해 오늘 여기에 공개된다.[4]

독립운동에 생명을 걸고 싸우고 있는 사람들에게 이승만과 정한경의 위임통치 청원은 여간 힘빠지게 하는 일이 아닐 수 없었다. 국내에서 일부 인사들의 자치론 역시, 절대독립을 주창해온 이들에게는 받아들일 수 없는 굴종이었다.

임시정부 외무총장 김규식이 파리강화회의에 참석차 유럽에 나가 있을 때에 그곳 사람들이 그를 조소하면서 "왜 한국사람들

---

3 『대한민국 임시정부 의정원문서』, 40쪽, 「임시의정원기사록, 제11회집」, 1919.
4 「뉴욕 타임즈」, 1919년 3월 17일.

은 독립운동을 하고 있으면서도 한국을 위임통치하여 줄 것을
청원한 이승만을 대통령으로 선출했는가?"[5]라고 물어왔었다고
한다.

---

5   이정식, 앞의 책, 198쪽.

암흑기의 선각 석주 이상룡 평전

임시정부 의정원, 이승만 대통령 탄핵

이승만의 독선적인 정부 운영과 무대책에 실망한 임시정부 국무위원들과 의정원의원들은 국민대회를 준비하면서 지도체제를 대통령중심제에서 국무위원중심제 즉 일종의 내각책임제로 바꾸는 개헌작업을 시도하였다. 이승만이 이에 반대하면서 임정은 더욱 분열상이 가중되고, 이를 이유로 이승만은 1921년 5월 29일 마닐라행 기선 컬럼비아호를 타고 상하이를 떠나고 말았다. 이승만의 1년 반 동안 임시정부의 활동은 이로써 사실상 끝나게 되었다. 하지만 그는 대통령직을 사퇴하지 않고 임시정부를 떠났다.

6월 29일 호놀룰루에 도착한 이승만은 민찬호 등과 대한인동지회를 조직하고, 동지회 창립석상에서 임시정부를 맹렬하게 비난했다.

이승만은 임시정부로부터 1921년 9월 29일 태평양회의(워싱턴군축회의)에 참석하라는 지침을 받고 하와이에서 워싱턴 D.C.로 돌아왔다. 태평양회의 한국 대표단의 전권대사로 임명된 것이다.

태평양회의는 1921년 7월 11일 미국의 신임 대통령 하딩에 의해 제안되었다. 파리강화회의가 유럽중심의 국제현안을 다룬 것에 비해 동아시아, 태평양지역의 현안 문제를 포괄적으로 다룰 국제회의를 워싱턴에서 갖자고 제의, 일·영·불·이 등이 받아들이면서 개최하게 되었다.

상하이 임시정부에서 자신의 위상이 흔들리는 것을 지켜보고 미국으로 돌아온 이승만은 워싱턴 D. C.의 구미위원부를 한국위원회(The Korean Commission)로 명칭을 바꾸고 이를 활동 근거지로 삼았다.

파리강화회의에 참석했던 김규식이 8월 25일 워싱턴에 도착한 것을 계기로 이승만 등이 한국위원회를 발족, 김규식을 위원장으로 위촉하고, 10월 10일 워싱턴회의에 참석하는 미국대표에게 〈한국독립청원서〉를 제출했다. 12월 1일에는 다시 〈군축회의에 드리는 한국의 호소〉를 발표하는 등 노력했으나 제국주의 열강 국가들에게 한국의 독립문제는 안중에도 없었다. 워싱턴회의 역시 아무런 성과 없이 끝나고 말았다.

임시정부와 이승만의 갈등은 접점을 찾지 못하고 점점 파국으로 치달았다. 이승만은 의정원의 사태수습 요구를 외면하고 결국 더 이상 답신조차 보내지 않았다. 그에게 중국에 있는 임시정부 청사는 우선 신변의 불안감을 느끼게 하였고, 무엇보다 일제와 싸우는 것 자체가 무의미한 일로 인식되었다. 그의 국제감각은 독립운동을 통해 일제의 타도가 비현실적이라는 인식이었다.

임시정부의정원은 1922년 6월 10일 이승만 대통령 불신임안을 제출하여 일주일 간의 토의 끝에 6월 17일 재적의원 3분의 2의 찬성으로 불신임안을 의결하였다. 정부수립 3년여 만에 임시대통령 불신임안이 채택된 것이다.

첫째, 임시 대통령 피선 6년에 인민의 불신임이 현저하여 각지에서 반대가 날마다 증가되 그 영향이 임시정부에 미치는데 민중을 융화하지 못하고 감정으로만 민중여론을 배척하는 까닭에 분규와 파쟁이 조장되고 독립운동이 침체상태에 빠져 있다.

둘째, 임시 대통령 이승만이 대미 외교사업을 빙자하며 미주에서 동포들이 상납하는 재정을 수합하여 임의 사용하였고 정부재정을 돌아보지 않았으며 국제연맹과 열강회의를 대상으로 하던 구미위원부 외교사무가 중단됨에도 불구하고 헛된 선전으로 동포를 유혹하고 외교용 모집을 계속하여 그 재정으로 자기의 동조자를 매수하고 있다.

셋째, 국무위원이 총사직을 제출하였으나 임시 대통령이 그 사직청원서를 처리하지 못하고 몽매한 처사로 여러 번 국무총리를 임명하였는데 당사자가 알지 못하게 단독적 행사를 하여 혼란을 계속할 뿐이고 아직도 정부를 정돈하지 못하고 있다.

넷째, 국무위원은 총사직을 발표한 다음 아직도 거취를 작정하지 못하고, 다만 임시 대통령의 처사를 기다린다고 하여 곤란한 시국에 대책 없이 앉아서 감정적 행동으로 정부위신을 타락시키고 있다.

　다섯째, 이상의 사실이 임시 대통령과 국무원 불신임안 제출의 이유다.

암흑기의 선각 석주 이상룡 평전

결렬, 그러나 의미 있는 국민대표회의

이승만의 탄핵을 전후하여 임시정부는 큰 혼란에 빠졌다. 지도력의 공백상태에다 파벌 대립이 심화되었다. 이에 안창호 등이 독립운동 진영을 하나로 묶는 데는 국민대표회의 외에 달리 길이 없다고 믿고 여기에 전력을 쏟았다. 임시정부 측으로부터 조직적인 반발이 있었지만 이를 극복하면서 대회 소집을 추진하였다.

다행히 동조자(세력)가 많았다. 박은식 등 14인의 〈아, 동포에 고함〉이라는 지지선언과, 베이징의 신채호, 박용만 등 군사통일 주비회, 그리고 여준, 이탁, 김동삼 등 만주 액목현 회의 지도그룹, 여기에 1921년 겨울 모스크바에서 열린 극동민족대회의 멤버들도 이를 지지하였다.

미국이 주도한 태평양회의에 큰 기대를 걸었던 이승만 그룹의 외교독립론이 무산되면서 한국 독립운동가들은 때마침 모스크바에서 열리는 극동민족대회에 23개 단체 52명이 참가(소련, 중국, 일본, 자바 등 5개국 144명), 대표 중 한국인이 36퍼센트가 될 만큼 다수가 참가하였다.

이와 같은 분위기와 여론을 발판으로 안창호는 국민대표회의
소집에 적극 나서게 되었다. 4월 24일 각계 인사 129명의 서명을
받고 발회식을 열어 임시정부의 단점, 시정책, 혁신과제 등의 강
령을 채택하였다. 이에 대해 임시정부 측은 내무부 통첩을 통해
"불온 언동에 대한 주의"를 발표하는 등 여전히 국민대표회의 소
집을 반대하였다.

안창호 등이 국민대표회의를 적극 추진한 데는 임시정부내의
여러 가지 문제와 함께 1920년 훈춘사건(간도참변)도 한 변수가 되
었다. 3·1혁명 후 많은 조선인들이 만주로 건너가 독립군을 조
직하고 항일무장투쟁을 전개하자 일제는 이들을 없애기 위해 이
지역에 병력을 투입할 구실을 찾았다. 일제는 마적 수령 장강호
(長江好)를 매수하여 마적단 400여 명으로 하여금 훈춘을 습격하
게 하였다. 이 습격으로 훈춘의 일본영사관 직원과 경찰 가족 등
일본인 9명이 살해되었다.

일제는 이 사건을 빌미삼아 마적토벌이라는 구실로 군대를 출
동시켜 일대의 한인과 독립운동가들을 무차별 학살하는 만행을
저지르고 한인회와 독립단 조직을 파괴하였다. 특히 독립군의 활
동기반인 조선인 교포의 학살에 역점을 두었으므로 훈춘에서만
250여 명의 조선인 교포가 참변을 당했다. 이 사건을 시발로 하
여 일본군의 만주지역 한인 교포 학살행위가 그치지 않게 자행

되면서 독립군의 뿌리가 흔들리게 되었다.

이 무렵에 벌어진 자유시참변(일명 흑하사변)도 국민대표회의 개최의 요인으로 대두되었다. 1921년 6월 28일 노령 자유시(알렉세프스크)에서 3마일 정도 떨어진 수라세프카에 주둔 중인 한인부대 사할린의용대를 러시아 적군 제29연대와 한인보병자유대대가 무장해제시키는 과정에서 서로 충돌하여 다수의 사상자가 발생했다. 이르쿠츠파 고려공산당과 상해파 고려공산당의 파쟁이 불러일으킨 참사였다. 이 사건으로 사망 272명, 포로 864명, 행방불명 59명 등 막대한 한인 교포와 독립군의 희생이 따랐다.

이와 같은 사건들은 임시정부의 군무부를 만주로 이전해야 한다는 주장이 나오기도 했으나 실현되지 않았으며, 결국 국민대표회의 개최로 중지를 모으게 되었다.

안창호와 여운형은 1921년 3월 15일 국민대표회촉진회를 조직하면서 임시정부를 개조하는 동시에 정부 명칭을 폐하고 위원회제도 또는 당의 조직으로 변경할 것을 1차적인 대회 개최의 목표로 삼았다. 5월 19일 대회 소집에 찬동하는 300여 명의 명단이 확보되고, 6월 6일 국민대표회주비회를 열어 회의소집 예정일과 대표자격, 대표선출구역 등을 확정하였다.

주비회는 또 대표를 지방대표와 단체대표로 나누고 단체는 다시 보통단체와 특수단체로 구분했다. 지역대표는 국내 26명을 포함하여 모두 47명, 보통단체는 종교, 노동, 청년단체로서 독립운동을 목적으로 하는 단체인데 회원 100명 이상일 경우 1명, 1만 명 이상일 경우 2명의 대표를 파견할 수 있도록 하였다.

결과적으로 회의에 참가할 지역 및 단체는 135개이며 대표는 158명이었으나 자격심사를 받아 대표로 확정된 인원은 국내, 상해, 만주일대, 북경, 간도일대, 노령, 미주 등지의 대표 125명으로 확정되었다.

1923년 1월 3일 상해 프랑스조계 민국로(民國路)의 미국인 예배당에서 국민대표회의가 개최되었다. 일제의 방해와 교통사정 등으로 개회 당일 참석자는 62명이었다. 대회는 안창호를 임시의장으로 선출하였다. 회의가 진행되면서 각지의 대표들이 속속 참석하고 열기도 뜨거웠다.

회의가 계속되면서 독립운동의 방략과 시국문제의 토론에서 각 지방과 단체, 개인 사이에 이견이 대두되었다. 대별하면 임시정부를 해체하고 새로운 정부를 조직해야 한다는 창조파와, 임시정부를 그대로 유지하면서 실정에 맞게 효과적으로 개편 보완해야 한다는 개조파의 주장으로 나뉘었다.

개조파와 창조파로 갈라진 회의는 팽팽하게 논전을 펼쳤다. 3월 20일 이후에는 정식 회의를 그만두고 비공식 접촉을 가지면서 돌파구를 찾으려 하였다.

안창호는 이 회의에서 의정원의원과 대표회의회원 합동으로 헌법을 제정하고, 기관을 조직한 뒤 종전의 헌법과 기관을 일체

암흑기의 선각 석주 이상룡 평전

폐지하자는 안을 내놓았다. 또 그를 비롯한 개조파 대표는 의정원과 국민대표회의의 비공식 연합회에서 헌법회의를 구성하고, 그 조직이 완료되면 양쪽이 해산하며 헌법회의 결정사항을 임시정부국무원에서 공포하도록 하자는 안을 마련했지만, 모두 임시정부 측에 의해 수용되지 않았다.

국민대표회의는 비록 결렬되고 말았으나 독립운동사에 차지하는 그 의미는 적지 않았다.

1) 이 회의는 독립운동사에서 최대 규모의 모임이었다. 일제의 위협과 장소문제 등 여러 가지 어려움 속에서도 각 지역, 단체가 대거 집결하였다.

2) 독립운동계가 안고 있던 상황을 극복하기 위해 이루어졌다는 데 의미가 있다. 임시정부의 재평가와 지난 독립운동의 공과에 대한 반성을 통해 독립운동의 활성화 방안을 모색하고자 했다.

3) 1920년대 국내외 독립운동의 전반적인 성향과 동포사회의 분포뿐만 아니라 성향과 방략의 차이를 확인할 수 있었다.

4) 임시정부가 체제를 정비할 수 있는 기회를 마련해 주었다. 이 회의의 자극으로 임시정부는 1925년 2차 개헌을 단행하는 등 체제정비의 노력을 기울이게 되었다.

5) 독립운동계에 민족협동전선의 필요성을 절감하게 해주었

다. 이념의 벽을 넘어 전 민족의 역량을 항일투쟁으로 결집시켜야 할 폭넓은 공감대가 형성되었다. 이후 국내외 각지에서 민족협동전선 운동이나 유일당운동으로 나타나게 되었다.

6) 참가한 모든 대표들이 임시정부 문제를 토의함으로써 정부 조직 자체에 대해 긍정적으로 인식하고 있었음을 보여 주었다.

박은식, 고별사에서 '이상룡 협조 요망'

임시정부 요인들은 이승만과 국민대표회의 등으로 어지러워
진 임시정부의 혼란수습에 나섰다. 임시의정원은 1925년 3월 21
일 이승만 탄핵 심판위원회의 심판서를 접수하고 "임시대통령
이승만을 면직함"이라는 '주문(主文)'을 발표함과 아울러 새 대통
령에 「독립신문」 사장, 주필인 박은식을 선임하였다.

박은식은 이에 앞서 1924년 12월 11일 임시정부 국무총리에
취임하고 유고상태인 대통령 대리를 겸직하고 있었다. 그런 가운
데 의정원에서 이승만의 탄핵이 결정되면서 정식으로 대한민국
임시정부의 제2대 대통령으로 선출되었다.

박은식의 나이 67세, 1911년 53세에 망명하여 만주와 해삼위,
중국관내의 수백만 리를 오가면서 국권회복투쟁에 나선 지 14년
만에 임시정부의 최고 수장에 선출되었다. 자신이 원해서가 아니
라 과도기의 적합한 인물로서 추대된 것이다.

박은식은 3월 24일 임시정부 청사에서 조촐한 취임식을 갖고,
이어서 상하이 시내 3·1당에서 교민들과 함께 순국열사에 대한

추도식을 거행하였다. 추도사에서는 선열들의 뜻을 받들어 조국 광복을 위해 정진할 것을 다짐하고 참석한 각료들을 격려하였다.

새 대통령에 취임한 박은식은 국무총리에 군무총장 노백린을 임명하고 나머지 각료들을 모두 유임시켰다. 박은식 내각은 다음과 같다.

대통령 박은식

국무총리 겸 군무총장 노백린

내무총장 이유필

법무총장 오영선

학무총장 조상섭

재무총장 이규홍

박은식은 성격이나 체질적으로 관직에 연연하지 않은 인물이었다. 한말에 남다른 학식과 자질에도 불구하고 능참봉에 그치고, 그 자리마저 버리고 국권 회복운동에 나선 일이나, 망명시기 각지에서 각급 단체를 조직하고서도 윗자리를 양보하는 등의 모습에서 입증된다.

임시정부의 대통령직은 본인이 원해서가 아니라 혼란 수습을 위해서, 그야말로 '임시'적으로 추대되고, 그럴 요량으로 수락한 것이다.

임시정부는 그동안 이승만의 탄핵과 맞물리거나 운영을 둘러싸고, 이념과 시국관에 따라서, 정부의 개조를 주장하는 안창호 중심의 '개조파', 정부를 아예 해체하고 새로 조직하자는 이동휘, 문창범 계열의 '창조파', 김구, 이시영 등의 '현상유지파' 등으로 크게 갈렸다. 박은식은 어느 쪽에도 편향하지 않으면서 통합을 주도하는 입장이었다.

독립운동가들은 더 이상의 분열과 이합집산을 막기 위하여 임시정부의 통치구조를 바꾸기로 하였다. 박은식의 뜻이기도 한 개헌작업이 의정원을 중심으로 추진되어 대통령 대신 국무령과 국무원으로 조직되는 내각책임제로 바꾸는 데 대체적으로 인식을 같이 하였다.

이를 바탕으로 국무령을 최고 수반으로 하는 임시정부의 제3차 개헌안이 1925년 7월 7일 발효되면서 박은식은 '개정임시헌법 시행 축식(祝式)'을 갖고 대통령직에서 물러났다. 3개월 보름 정도의 재임기간 중 내각책임제 개헌을 단행하고 하야한 것이다.

권력의 속성 탓인지, 동서고금을 막론하고 대부분의 위정자들은 그 자리에 앉으면 권력강화와 연장을 위해 음모를 꾸미거나 위법적인 행위를 일삼는데 비해 박은식은 짧은 기간에 자신의 권력을 내려놓은 개헌을 통해 권력을 분산시키고 지체없이 대통령직에서 물러났다. 이승만과는 전혀 다른 모습이었다.

박은식은 하야하면서 남긴 「임시 대통령 고별사」에서 신국무

령 후보인 성망이 높은 이상룡에 협조하여 국사를 원만히 수행
케 하도록 요망하였다. 고별사의 마지막 부문이다.

"신국무령 후보인 이상룡 씨는 ○○숙덕(宿德)으로 성망이 소저
(素著)하고 재만 다년에 광복사업을 위하여 효로한 성적이 많은
즉 우리 정국을 유지할 능력이 유한 것을 가히 확신할지며 우
리 사회에 소위 지방별이니 당파별이니 하는 고질도 금일 차거
로 인하여 소석(消釋)이 될지니 우리 전도에 이익될 점이 많은즉
제군은 아무쪼록 여를 협조하든 충성으로서 신국무령을 협조하
여 국사를 원만히 수행케 하면 오족 전도에 막대한 행복이라 하
노라."

대한민국 7년 7월 7일
임시 대통령 박은식[6]

---

6 「독립신문」, 1925년 10월 21일, ○○란은 해독 불가.

11부
베이징의 조선공화정부

만주의 무장전쟁 세력이 비록 '벽상조각'에 그쳤지만 조선공화정부를 조직하면서 이상룡을 대통령으로 추대할 만큼 그는 이 분야의 확고한 위상을 갖고 있었다. 북경군사통일회의는 국민대표회의가 소집되고, 임시정부 측이 개조파와 창조파로 갈리는 등 독립운동 진영이 극심한 분열과 대립을 거치면서 1924년 해체되고 말았다.

'조선공화정부' 이상룡을 대통령에 추대

이상룡이 만주 화전현에서 재기를 도모하고 있을 즈음 어느 날 서로군정서의 헌병대장이었던 성준용이 찾아왔다. 미국에서 무장독립운동을 준비하다가 이승만과 대립, 중국으로 온 박용만이 신숙 등과 함께 베이징에서 '군사통일회의'를 개최하려는 데 이상룡의 도움이 필요하다는 전갈이었다. 이들의 주장에는 많은 부분에 동감하여 베이징으로 갔다.

1921년 4월 17일 베이징에서 군사통일회의가 열렸다.

그곳에 모인 인물들은 국내외의 대표 자격을 갖게 되었는데, 국내 국민공회 대표로는 박용만, 하와이 국민군 대표 김천호, 국내 광복단 대표 권경지, 하와이 독립단 대표 권승근, 김현구, 박건승, 국내 조선청년단 대표 이광동, 이장호, 소련 대한국민의회 대표 남공선, 국내 노동당 대표 김갑, 국내 통일당 대표 신숙, 황효수, 신달모 등이었고, 서간도 대표로는 이상룡이 데려간 송호가 참석하게 되었다. 이들은 며칠간의 회의를 거쳐 군사통일회의 명의로

'조국의 독립은 군사운동이 아니면 해결할 수 없고, 군사의 통일이 없으면 군사운동의 성공은 어렵다'라는 합의된 선언서를 발표하기에 이르렀다.[1]

군사통일회의는 군사통일 문제를 중점적으로 토의하고, 「선언서」와 「성토문」을 채택하였다.

군사통일회의는 대한민국임시정부가 첫째, 상하이에 있는 극소수 사람의 사심으로 조직되어 국내 국민대회에서 조직한 한성정부를 무시하고 국내외 동포의 의사를 무시한 점과 대미위임통치를 청원하였음에도 불구하고 이승만이 계속 그 수령의 지위에 있는 점에서 근본적으로 부정당, 불공정하고, 둘째, 성립 이래 열거할 만한 성적이 없을 뿐 아니라 노령의 대한국민의회에 무성의한 타협을 하였으며, 셋째, 각 시설에 자신의 사당(私黨)을 부식하여 거국일치의 민심을 분열시켰으며, 넷째, 이승만이 대미위임통치를 하였음에도 불구하고 이승만을 절대 옹대하여 외적으로 국가의 체면을 불고(不顧)하고, 내적으로 민족의 정신을 현혹케 한 점을 들었다.

또 임시의정원에 대해서는 첫째, 가급적 널리 국내외 동포의

___

1 채영국, 앞의 책, 178-179쪽.

의사를 채집하지 않고 극소수인으로써 대표를 구성한 점, 둘째, 이승만이 위임통치를 하였음에도 불구하고 이승만을 국무총리로, 안창호를 내무총장으로 임명한 점, 셋째, 한성정부를 무시하고, 대한국민의회에 대하여도 사기적 교섭을 한 이유로 불승인하였다.[2]

북경군사통일회의는 상하이 임시정부에 불만이 많았다. 가장 큰 문제는 위임통치론자를 수반으로 옹립하고, 무장항일전에는 소홀히 한다는 대목이었다. 그래서 별도로 베이징에서 '조선공화정부'를 세우고 대통령에 이상룡을 추대하는 등 조각을 하였다.

군사통일회의는 1921년 10월경 상하이의 임시정부에 다음과 같은 항의문을 보냈다. 첫째, 아당(我黨)은 조선공화정부를 베이징에 창설할 것, 둘째, 아당은 대조선공화정부 창설 후 절대로 상하이 임시정부를 인정하지 않기로 결의한다. 셋째, 아당은 상하이 임시정부의 의견을 들은 후 조선국민에 선포할 것을 결의한다. 항의문의 내용대로 군사통일회의는 1921년 11월경 베이징에서 조선공화정부(朝鮮共和政府)를 조직하였다.

조선공화정부의 각원은 대통령 이상룡, 국무총리 신숙, 외무총

---

2 김성민, 「북경군사통일회의」, 『한국독립운동사사전(4)』, 654쪽, 독립기념관, 2004.

장 장건상, 학무총장 한진산, 내무총장 김대지, 재무총장 김갑, 군무총장 배달무, 교통총장 박용만이었다. 그런데 조선공화정부는 조직은 되었지만, 제대로 수립되지 못하였다.[3]

3 앞의 책, 655쪽.

대통령 추대 거부, 만주로 귀환

베이징에서 군사통일회의를 주도한 인사들은 상하이의 임시 정부를 불신하고 있었다. 불신의 대상은 이승만이었다. 그의 위임통치론은 절대 독립을 위해 투쟁해온 독립운동가들에게는 공존하기 어려운 인물이었다.

또 하나는 무장전쟁의 기지를 만주에 두기로 하고서도 그동안 외면해온 처사, 그리고 봉오동, 청산리대첩 등 만주의 무장투쟁 세력은 생명을 걸고 싸워왔지만 임시정부는 그동안 무엇을 했느냐는 원성과 비판이 쏟아졌다.

그래서 무장전쟁론의 원로이고 흠결이 없는 이상룡을 조선공화정부의 대통령으로 선임하였다. 하지만 이상룡의 생각은 달랐다. 어렵게 만든 임시정부를 부정하고 새로운 정부를 만든다면 결국 독립운동 세력의 분열만 가져오게 된다는 것이다. 그는 단호히 조선공화정부의 결정을 거부하면서 지체없이 만주로 돌아왔다.

만주의 무장전쟁 세력이 비록 '벽상조각'에 그쳤지만 조선공화정부를 조직하면서 이상룡을 대통령으로 추대할 만큼 그는 이 분야의 확고한 위상을 갖고 있었다. 북경군사통일회의는 국민대표회의가 소집되고, 임시정부 측이 개조파와 창조파로 갈리는 등 독립운동 진영이 극심한 분열과 대립을 거치면서 1924년 해체되고 말았다.

이상룡은 이 같은 상황을 지켜보면서 자작시 '만주에서 겪은 일'에서 다음과 같이 썼다.

13

연경(베이징) 회의가 투지 다시 떨쳐

성토문 전달하매 옹호당 미친 듯 고함친다

한 번 물어보자 위임통치 청원이

이웃나라 의지해 보호받는 것과 무엇이 다르냐.

14

분쟁을 진정하려 국회가 열려

동해에 떠오르는 해 기다림 서광이 돌아왔다

까닭없는 개조다 창조다 한가한 싸움

달팽이 두 뿔처럼 솟아 났네.[4]

얼마 후 임시정부는 대통령 이승만을 탄핵했다. 이상룡은 '이승만이 도장을 소매에 넣어 태평양을 건넜다는 말을 듣고서'란 시를 지었다.

> 잘못이 있으면 모름지기 스스로 꾸미지 말아야 하며
> 자연스럽게 물러나서 민족에게 사죄해야 하는 것이네
> 명성은 무너졌고 자취도 탄로 나서 더 이상 여지가 없거늘
> 갑자기 또 무슨 마음으로 도장을 소매에 넣고 달아났는가.[5]

---

4 『석주유고(상)』, 219쪽.
5 앞의 책, 206쪽.

12부
임시정부의 수반

|

국무령은 명칭이 바뀌었지만 여전히 많은 권력이 부여된 임시정부의 수
반이다. 하지만 이상룡은 전임 박은식과 같이 권력이나 명예에 급급한 인
물이 아니었다. 취임 당시 67세로 건강도 썩 좋은 편이 못되었다. 여생을
바쳐 임시정부를 발전시키고 이를 동력삼아 조국광복에 초석이 되고자
다짐한다.

박은식 대통령 하야, 이상룡 천거

임시정부 의정원 의원들은 박은식이 하야하면서 후임자를 물색하였다. 개헌을 통해 바뀌게 된 내각책임제의 수반이다. 권력은 많이 분산되었으나 정부수반의 위상인 것이다. 비록 외국 조계의 일우에 자리잡은 초라한 모습이지만 한민족의 대표적 정부 기관임에는 사실이다.

임시정부는 그동안 일제로부터 갖은 압력과 내부적으로 갈등, 분파, 이탈 등 많은 시련을 겪었다. 이 같은 현상으로 국민의 기대도 전과 같지 않았다. 이래저래 지극히 어려운 상황이었다. 무엇보다 구성원들의 인화와 이탈자들의 재결합이 요청되었다. 새로 통령이 되는 인물이 해야 할 책무였다. 새 헌법은 대통령제를 폐지하고 국무령(國務領)제로 바꾸었다. 권력분산의 내각책임제 형태였다.

국무령이라는 명칭이 결정되기까지 상당한 논란이 있었다. 헌법개정 초안에는 '국령(國領)'이었는데, 「독립신문」이 이를 비판하고 나섰다. '국령'은 '나라의 수령'이라고 해석할 수도 있지만 '나라의 영토'라고 해석될 수 있다는 것이다. 차라리 '나라의 공복(公僕)'이라는 뜻에서 '국복(國僕)'이라고 하든지 '국무령(國務領)'이라는 명칭을 사용할 것을 제안했다. 나라의 원수를 칭하는 직명에 종이나 노예를 의미하는 '복(僕)' 자를 쓸 수 없다고 하여 국복은 배제되고, 국무령으로 결정되었다.[1]

임시정부 의정원 의원들은 '국무령'에 적합한 인물을 물색하였다. 임시정부의 변신을 보여주기 위해서는 새 지도자의 상징성이 그만큼 중요했다. 회의를 거듭한 결과 이상룡이 천거 되었다.

만주에서 흩어진 독립군 부대를 다시 모아 새 단체를 조직하고 있던 이상룡은 의정원이 자신을 국무령에 추대했다는 소식을 전보를 통해 알았다. 그리고 곧 이어 임시정부를 대표하여 내무총장 이유필과 법무총장 오영선이 찾아와 이 사실을 전하였다. 이에 앞서 하야를 천명한 박은식으로부터 이와 관련한 서한을 받았다. 첫 편지는 받지 못했는데, 다시 두 번째 서한을 보내었다. 다음은 이에 대한 이상룡의 답신 중 후반 부문이다.

또 직책을 얼토당토 않은 부적격자에게 넘겨주는 것은 마치 태

---

1   한시준, 『대한민국임시정부』, 68쪽, 한울, 2021.

양의 밝은 빛을 철거하고 횃불에게 빛을 빌리는 격입니다. 남에게 사양하는 것은 비록 미덕이라 하겠으나 여론의 낙망을 어떻게 하시렵니까? 저 상룡은 산야의 졸렬한 인품으로 재주가 모자라고 학식이 일천한 데다 더욱 정계에 대해서는 평소 견문이 전혀 부족합니다.

지난날 만주에서 서로군정서의 직책을 맡았을 때는 책임이 단순한 데도 시위소찬(尸位素餐)을 면치 못했는데 하물며 요즘 와서 더욱 쇠약해져서 신체나 정신력이 전혀 딴 사람처럼 됨이겠습니까? 이러한 처지로 어찌 감히 분수에 맞지 않는 일에 나아가 망령되이 온 나라 국민들에게 죄를 짓는 일을 자초하겠습니까?

전보가 도착하던 날 안합(顔闔)을 본받아 도망가고자 하다가 일의 중대함에 비추어 지우 여러분께 감히 의논하지 않을 수 없었습니다. 모든 사람이 제도의 틀을 획기적으로 바꾸려는 이때 한결같이 회피만 일삼는 것은 특히 원만한 해결을 함께 도모하려는 뜻이 아니라고 하였습니다. 드디어 진퇴양난에 빠져 사정이 크게 군색하게 되었는데 일전에 의회에서 취임을 재촉하는 전보가 당도하였기로 부득이 출발하겠노라고 답해 보냈습니다.

그러나 두꺼운 낯에 염치는 있어 합하께는 무어라고 사례하여 대답할 말이 없습니다. 불가서(佛家書)의 비유를 빌리자면 진실로 '정신 수양과 질병 퇴치의 자료가' 될 수 있다는 것이겠으나, 지금 상해의 풍파가 점점 세차게 몰아치는 것을 보아하니 아시아 전체가 장차 앞을 예견할 수 없는 형국으로 치달릴 것이니 우리 해동 사람에게는 아마도 지금부터 일이 많을 것입니다.

생각컨대 집사께서는 연세 높은 때에 일을 마쳤으니 일신에 부담이 될 책임은 없을 것이나 나라와 국민을 위해 일하던 분이 능히 속세의 먼지에서 벗어나시면 좌선하시다가 정계(定界)에 들어가실 수 있겠습니까? 내내 도체 평안하시기를 빕니다.[2]

---

2 『석주유고(상)』, 371-372쪽.

상하이 삼일당에서 초대 국무령 취임

이상룡은 상하이로 떠나기 전 연락이 가능한 만주의 여러 독립운동 지도자들을 두루 만났다. 간도참변 이후 만주의 독립운동가들은 통의부 → 의군부 → 참의부 → 정의부 등으로 이합을 거듭하면서 통합된 무장단체를 조직하고자 하였다.

이상룡은 60대 중반의 고령으로 각 단체의 통합을 위해 조정자 역할을 하면서, 갈수록 강대해지는 일제와 싸우기 위해서는 통합 이외의 길이 없다고 역설하였다. 단체의 수장을 맡기도 했지만 대부분 2선에서 조정자, 중재자의 역할을 하였다.

그러던 중에 임시정부 수반의 제의를 받고, 지도자들의 의견을 두루 청취했다. 지지하는 편이 있었고, 반대하는 사람, 그리고 이제야 임시정부가 항일무장투쟁의 본산이 될 것을 기대하는 측이 있었다.

그는 8월 하순 단둥(안동)으로 가서 영국 선박 애인호를 타고 서해를 넘어 상하이에 도착했다. 막내 동생 봉희의 장남 광민의 보필을 받았다. 그는 정의부의 민사부 서무과 주임 위원으로 활동하고 있었다.

을축년(1925년) 7월 석주 어른께 상해 임시정부 초대국무령으로
부임해 달라는 연락이 왔다. 내각책임제의 국무령이면 지금의 대
통령에 해당한다. 취임식이 9월 며칠인지는 몰라도 상해로 떠난
시기는 9월 9일이었다.

군정서 회의 후에도 여러 차례 연락이 오고가고 하더니 임정에
참여하기로 결심하신 것 같았다. 상해에서도 만주권 독립인사를
영입해야한다는 여론이 있었다는 것이다. 사실 활동은 북간도, 서
간도를 망라한 만주 일대에서 일찍 시작했고, 그 쌓아 놓은 기반
도 무시 못했지.

국무령이면 내각의 총책임자라 정부 최고 높은 자리라고들 했
으나, 내게는 항상 시할아버지였을 뿐이었다. 다만 나가나 들어오
나 그 어른 앞에선 저절로 고개 숙여지고 엄숙한 그 무언가가 느
껴졌다고나 할까….[3]

대통령 궐위시기 임정을 이끌고 있던 이동녕, 이시영, 노백린,
조상섭, 김구 등이 반갑게 맞아주었다. 이들과 향후 임정의 운영
에 관해 논의하고, 만주 쪽의 사정을 설명하였다. 또 상하이와 임

---

3 허은, 앞의 책, 138쪽.

정의 사정도 들었다. 9월 24일 상하이 삼일당에서 초대 국무령 취임식이 거행되었다. 취임사는 다음과 같다.

국무령 이상룡 취임사

나는 이에 일반 국민의 앞에서 가장 정성스러운 마음으로 삼가 대한민국 임시정부 국무령의 자리에 취임하나이다.…… 이제 경장쇄신을 시작하여 국민 전체가 온전히 대동단결의 조직선에서 함께 분투하여야 하겠으며, 이를 조속히 성취하려면 먼저 그동안 마음을 다해 희생적으로 분투하여 오던 용감한 전사들이 속히 최고기관(대한민국 임시정부) 아래에서 완전히 결합하여 운동의 기초를 공고히 하여 역량을 강대하여야 될 줄 깊이 믿고 이에 힘쓰려 하나이다.……[4]

국내의 한 신문도 이를 간략하게 보도했다.

이상룡 씨가 임시정부의 국무령이 되어 일전에 상해에 도착하였다 함은 이미 보도한 바 이 씨는 지난달 24일 밤에 삼일당에서 취임식이 있었다는 데 최 의장의 사회로 우렁찬 노래와 식사가 있었다. 하여 방침은 대동단결을 이루어서 민주적으로 조직을 일

---

4 「독립신문」 호외, 「국무령 이상룡 취임식 거행」, 1925년 9월 25일.

암흑기의 선각 석주 이상룡 평전

구고 기초를 공고히 함에 있다고 선언하였다는 바 그 뒤에 만세를 삼창한 후 폐식하였다는데 참관하는 동포도 많이 있어서 근래에 처음 있는 성황이었다더라.[5]

국무령은 명칭이 바뀌었지만 여전히 많은 권력이 부여된 임시정부의 수반이다. 하지만 그는 전임 박은식과 같이 권력이나 명예에 급급한 인물이 아니었다. 취임 당시 67세로 건강도 썩 좋은 편이 못되었다. 여생을 바쳐 임시정부를 발전시키고 이를 동력삼아 조국광복에 초석이 되고자 다짐한다.

국무령 취임 후 약 보름 동안 주변의 인물들과 협의해 내각을 구성하였다. 그리하여 10월 10일과 12일 양일간에 걸쳐 이탁, 김동삼, 오동진, 윤세용, 현천묵, 윤병용, 김좌진, 조성환, 이유필 등 9명을 국무위원으로 발표하였다. 이들 중 이유필을 뺀 나머지 8명이 모두 만주에서 활동하고 있는 사람들이었다. 이탁과 김동삼, 오동진, 윤병용은 정의부의 인물이었고, 현천묵과 김좌진, 조성환은 신민부의 인물이었으며, 윤세용은 참의부의 인물이었다. 임시정부의 지도층을 만주에서 무장투쟁 경력을 갖춘 인물들로 구성

---

5 「동아일보」, 1925년 10월 2일.

해 군사위주의 최고기관으로 만들겠다는 의지를 보였다.[6]

---

6   채영국, 앞의 책, 225-226쪽.

암흑기의 선각 석주 이상룡 평전

국무령 사임하고 다시 서간도로

이상룡의 조각은 실패했다. 각료에 지명된 인사들이 하나같이 취임을 사양(거부)한 것이다. 상하이 쪽 인사들의 의견을 충분히 고려하여 주로 만주의 무장독립운동가들을 기용했는 데, 이것이 문제였다.

이상룡은 만주지역에서 활동하던 인물을 국무위원으로 선임했다. 김동삼, 김좌진, 오동진, 윤병용, 윤세용, 이탁, 이유필, 조성환, 현천묵 등이 그들이다. 하지만 이들이 모두 상해로 간다면 만주지역 독립운동 전선에는 커다란 공백이 생기게 된다. 더구나 그때는 일제가 만주 군벌과 '삼시협정'을 맺어 한인 독립운동 세력을 압박하는 형편이었다.

이러한 불똥은 정의부 내에서 일어났다. 1925년 말 제2회 중앙의회가 중앙행정위원회에 대해 불신임안을 제출하자 중앙행정위원회는 이에 맞서 중앙의회 해산을 결정하고 총사퇴하게 되었다. 이런 상황에서 1925년 10월 10일 자로 임시정부의 국무위원으로

선임된 김동삼은 선뜻 상해로 부임할 수 없었다.[7]

만주 무장독립운동 세력이 조직한 정의부의 내부 사정도 크게 작용했다. 당초의 약속과 다르다는 주장이었다.

정의부 중앙행정위원회와 중앙의회 간에 큰 충돌이 일어난 것이었다. 그 원인은 이상룡이 중앙의회 의결사항을 무시하고 임시정부의 국무령에 취임한 데서 비롯되었다. 정의부 중앙행정위원들은 임시정부의 두 파견원 오영선과 이유필이 만주에 왔을 때 신민부의 대표들까지 불러 4개의 합의사항을 만들고, 이면으로 임정의 최고 책임자를 정의부에서 추천한 인물로 추대하자는 사항을 제시한 바 있다. 이들의 이러한 제시를 중앙행정위원들이 받아들여 이상룡을 추천하고, 또 이상룡은 행정위원들의 말을 듣고 상해로 와 국무령에 취임하였다.

그런데 중앙행정위원들은 이상룡을 국무령으로 추천하는 건에 대해서는 중앙의회의 안건에 상정하지 않고 4개의 합의사항 만을 의결사항으로 보냈다. 그 결과 중앙의회에서는 4개의 합의사항을 임시정부의 각료를 위원제로 고치는 것과 장차 임정을 만주로 옮기자는 등의 조건을 제시하며 이 안건을 통과시켰다. 중앙의회의

---

7 김병기, 『만주지역 통합운동의 주역 김동삼』, 14쪽.

의결대로 임시정부를 만주로 옮길 것이라면 이상룡이 상해로 갈 필요가 없는 것이었다.[8]

이유가 무엇이던 간에 이상룡으로서는 큰 낭패가 아닐 수 없었다. 본인이 원했던 자리가 아니고, 떠밀리다시피 하여 추대된 것인데, 결국 조각이 안 된 것이다. 해서 이듬해 2월 18일 미련없이 국무령을 사임하고 베이징을 거쳐 서간도 호란(呼蘭)으로 돌아왔다.

공은 탄식하기를 "내가 늙은 몸으로 헛된 명예에 몸을 굽히는 것은 절대 내 평소의 바람이 아니다. 그래도 이번에 몸을 한 번 움직인 것은 각각의 의견들을 조정해서 통합하기 위한 것이었는데, 지금은 이미 그럴 가망이 없으니, 내 어찌 여기에 지체하랴" 하고, 국무령 직을 버리고 귀로에 올랐다. 북경에서 난리를 만나이듬해 봄에 호란으로 돌아왔다. 다음과 같은 시를 지었다.

> 가을달이 사람 청해 경솔히 문을 나섰다가
> 봄바람을 짝으로 삼아 집으로 잘 돌아왔네
> 산도 울고 노하는 시기가 난무하는 판국에서
> 웃는 낮으로 맞이해 주는 건 너 꽃뿐이로다.[9]

---

8 채영국, 앞의 책, 226-227쪽.
9 권상규, 이상룡의 「행장(行狀)」, 『석주유고(하)』, 161쪽.(이후 「행장」 표기)

조각에 실패한 것은 그만이 아니었다. 의정원은 이상룡의 후임으로 양기탁을, 다시 안창호를 국무령으로 선출했으나 이들은 부임하지 않았고, 한동안 의정원 의장 최창식이 국무령을 대리했다. 1926년 7월 홍진이 취임했다가 12월 9일 사임하고, 12월 10일 김구가 선출되는 곡절을 겪으면서 임시정부는 겨우 정상화되었다.

서간도 무장전쟁론자인 이상룡이 임시정부 국무령에 취임하자 초긴장했던 일제는 그가 사임하자 한시름을 놓으면서도 계속해서 그의 뒤를 쫓았다. 손부 허은 여사의 기록이다.

3월에 국무령 사임하고 상해에서 서간도로 나오실 때 일경들이 당신 뒤쫓고 있다는 보도를 천진에서 신문을 보고야 놀랐다. 그때 당숙(이광민)이 함께 수행했다. 신문을 본 당숙은 속으로 '저 칠순 노인 가다가 만약에 잡히는 날이면 말이 아니다. 일본놈 손에 걸리기만 하면 영 끝이다'는 생각이 들었다. 일시도 마음을 놓을 수 없어 불안하기 짝이 없었다.

천진부두에 도착하니 웬 사람들이 와 사진을 찍어 갔다. 신문기자였는지 중국경찰인지 모른다 했다. 당시 어른께서는 하이칼라 머리에 수염을 길게 늘어뜨리고 계셨다. 복장은 역시 중국옷을 입었고 그래야 중국사람 행세 하거든, 사진 찍어간 것이 마음에 걸려서 배에서 내리자마자 이발관에 가 머리와 수염을 빡빡 깎아

드렸다. 연락선 시간이 다음날 아침이었다. 그날 밤은 여관에서 자야 했다.[10]

---

10 허은, 앞의 책, 143쪽.

13부
국무령 퇴임 이후

53세의 늦은 나이에 망명하여 그야말로 풍찬노숙의 세월이 흘러 어느덧 70고개에 다다랐다. 날이 갈수록 포악성이 더해가는 일제의 포위망은 드넓은 만주땅을 종횡하며 압박하였다. 위기감을 느낀 후배 독립운동가들이 안전을 위해 더 깊은 산중으로 거처를 옮기도록 하고 신변을 보호해 주었다. 그의 목에 걸린 거액의 현상금은 중국인들도 넘보았다.

남만주로 돌아왔으나 체력 약화

이상룡은 가족이 있는 남만주 반석현 호란으로 돌아왔다. 상하이를 다녀온 후 체력이 크게 약화되어 거의 외부출입이 어려웠다. 이즈음 중국의 상황은 더욱 악화되어 가고 있었다. 1925년 6월 조선총독부 경무국장 미쓰야(三矢)가 중국 봉천성 경찰청장과 협정을 맺고, 한인 독립운동가 탄압을 위해 재만 한인의 단속을 더욱 강화시켰다. 거주이전의 자유를 제한하고 무기 휴대와 집회, 결사를 금지했다.

이에 따라 중국 관리나 불량배들은 한인 독립운동가 뿐만 아니라 일반 한인을 살해하여 일본군에 바치고, 포상금을 받았다. 일제가 노린 대목이다. 일제는 한인의 목을 가져오면 40원, 산 채로 끌어오면 20원을 주었다. 이를 노린 중국인 살인귀가 많았고, 정의부에서는 보안대를 편성하여 한인 마을을 지켰다.

1920년대 중, 후반 중국 동북지역 독립운동을 주도해온 정의부(正義府)의 내홍은 깊었다. 여러 단체를 통합하다 보니 이해관계, 운동방략에서 차이가 드러난 것이다.

1925년 11월 1일 백암 박은식이 상하이에서 서거했다. 임시정부는 국장으로 장례를 치렀다. 이상룡은 「박 백암에 대한 만사」를 지었다.

　　박 백암에 대한 만사

　　표연히 바람에 나부끼어 구르던 잎 하나
　　와신상담의 생애 몇 십 년
　　가난한 동포 비호하려도 광화천만간이 없고
　　완악한 꿈 외쳐 깨우는 필여장면이 있었네
　　반 국 바둑도 못 마치나 정신 더욱 완고하고
　　석잔 술 주량도 못 미치니 덕성 더욱 온전했네
　　목숨 다하여 돌아갈거나, 어느 곳으로 돌아가나
　　미친 먼지 닿지 않는 천제의 고을이시기를.[1]

　　고향의 종친회에서 1926년 안동 도곡에 있는 산소의 비(碑)를 바꾸는 공사를 준비하면서 장손인 이상룡에게 비문을 의뢰하였다. 다음은 이에 대한 답신 「고향 여러 종족에게」 중에서 종중의 관계 아닌 앞 부분이다. 이 시에서 그의 심기가 읽힌다.

1　『석주유고(상)』, 241쪽.

지난 봄 한 번 편지 한 후 다시 아득히 막혀버리니 고향 산천을 바라보매 다만 스스로 답답할 뿐입니다. 가을이 깊어가는데 여러분들 기거 만중하신지요? 외도(外陶) 감호(鑑湖)의 흉보(凶報)는 얼마나 참혹하겠습니까? 가을걷이는 고루 풍성하여 공사간에 유감이 없으신지요? 구구한 저의 울적한 마음 두루 간절합니다.

저는 지난 가을 우연히 실속 없는 헛된 명성에 얽매여, 만리 길 상해를 다녀왔고, 세모(歲暮)는 북경 여관에서 보냈지요. 금년 중춘에야 비로소 산채로 돌아왔는데 이내 다리가 마비되는 증상을 보여, 앉고 눕는 것이 불편하여 탕약을 썼으나 효험이 없었습니다.

아마도 17년간 습기가 많고 더운 땅에서 생기는 독기가 서린 바다에서 얻은 병일 것입니다. 척서군도 황달로 신음하고 있으며 섭아(燮兒)의 병도 아직 쾌차하지 못하였습니다. 심경이 이러하니 어찌 세상사는 경황이 조금인들 있겠습니까?[2]

---

2 『석주유고(상)』, 507쪽.

암흑기의 선각 석주 이상룡 평전

고향에서 동생이 모시러 왔으나

53세의 늦은 나이에 망명하여 그야말로 풍찬노숙의 세월이 흘러 어느덧 70고개에 다다랐다. 날이 갈수록 포악성이 더해가는 일제의 포위망은 드넓은 만주땅을 종횡하며 압박하였다. 위기감을 느낀 후배 독립운동가들이 안전을 위해 더 깊은 산중으로 거처를 옮기도록 하고 신변을 보호해 주었다. 그의 목에 걸린 거액의 현상금은 중국인들도 넘보았다.

마음은 아직 팔팔한 청춘인데 육신은 노쇠하여 행동을 억제하였다. 환후의 소식은 멀리 고향 종친들에게까지 전해지고, 망명때 봉제사를 위해 고향에 남기로 했던 첫째 동생이 만리 길을 찾아왔다. 환국을 권하러 온 것이다. 손부의 기록이다.

석주 어른께서 병을 얻어 일곱 달째 병중이란 소식 듣고 장로님인 증조부(이상동)께서 난국(亂局)을 불고하고 서간도로 나오셨다. 이분은 3·1혁명 때 안동에서 최초의 만세시위를 일으킨 분이다. 문중에서 환국할 여비와 일행들 인술비용하라고 300원을 해

주어서 그것 가지고 환국을 권하러 오신 것이다. 형제 숙질분 상면하자 집수통곡(執手痛哭)의 그 비감을 어찌 말로 다할 수 있을까? 형님을 보자마자 손을 덥썩 잡고, "형님, 이제 조국으로 들어가십시다, 이렇게 고생하실 줄 알았으면 왜 여기 나왔겠습니까?"

그랬더니, 잡은 손을 휙 빼치면서, "나 죽기 전에는 여기를 못 떠난다. 일을 이렇게 벌여 놓고 나만 들어갈 수 없다. 씨나 떨어뜨리게 나 죽고 나거든 남은 가족들은 들어가게 하겠다."고 하셨다.[3]

얼마 후 중국 하얼빈에 사는 둘째 동생이 찾아왔다. 서로 편지로 연통했던 것이다. 손부의 기록은 더 이어진다.

서로 서신연락이 되어서 하얼빈에 사는 셋째 할아버지도 때 맞춰 오셨다. 아우되는 두 형제 분이 간곡히 권했으나 종내 '안 간다'는 말만 했다. 그때까지 나라는 아직 독립의 희망이 보이지 않는데 전 만주를 누비며 함께 일해 온 동지들을 버려두고 혼자 고국땅을 밟을 수 없다는 것이었다. 그 대신 당신이 이 땅에 왔다 간 흔적이라도 남기고 싶다는 말씀과 나머지 가족들은 귀국해서 안정된 삶을 살게 되기를 바란다는 말씀을 남기셨다.

---

3 허은, 앞의 책, 158쪽.

할 수 없이 둘째 할아버지는 혼자 한국으로 도로 들어갔다. 법흥동 토지 일부를 팔아서 준비해 온 돈은 길림에 있는 집안 친척에게 맡겨 놓고 갔다. 돈을 지닌 채 들어오면 중국인에게 다 뺏기니까 서란현에 들어오기 전에 길림에 맡겨 두었는데 그 돈은 그대로 거기 두고 가셨다.[4]

이상룡은 1926년 은신처에서 「도연명(陶淵明) 귀거래사에 화문하다」라는 시를 지었다. 62행에 이르는 장시다. 중간 부문 28행을 제하고 싣는다. 이 시기 그의 심기가 담긴 듯하다.

도연명 귀거래사에 화문하다

돌아가리라
나에게 밭과 농막이 있으니
어찌 돌아가지 않으랴
만사는 모두 하늘의 뜻에 따라 정해지는 것
어찌 실패하였다고 비통해 하겠는가
애초 이미 생각해 보지 않고 발을 내놓았으니
비록 후회해도 되돌릴 수 없는 일

---

4 앞의 책, 158-159쪽.

모두가 미몽에서 깨어나지 못한 탓이니

어찌 누가 옳고 누가 그르다 하리요

헛된 명예로 자신을 묶는 일 부끄러워서

드디어 결산하고 걷어붙이고 나섰노라

어떤 이는 경솔하다 갑작스럽다 말했지만

나는 실로 그 낌새를 살핀 바이라

양함에 몸을 싣고 바다를 지나

앞 길을 바라보며 치달렸다네

험난한 만리 길 지나고 나서

어느덧 내 집 대문 앞에 당도하였지

처자는 반갑게 맞이하여 인사하고

이웃들은 옛날 그대로 즐겁게 살고 있네

오른 손으로 어린 손자 손잡고

왼 손으론 향기로운 술 두루미 쥐었네

중략

한가한 나그네 찾아오면

오는 손님 막지 않고 가는 손님 잡지 않네

광복의 대 사업만은

내 어찌 감히 잊으리요

그러나 민중이 자각하는 때가

광복의 운이 도래하는 날 일세

부끄러운 뜻을 씻어내자고 물을 대고

나쁜 생각을 지우자고 김을 매노라

관 뚜껑 덮어야 사나이 할 일 끝난다고

옛 시에 있다고 듣지 못하였는가

아아!

단군 이래 오천년 역사는

영원하며, 단절이 없다는 것도 의심치 않노라.[5]

---

5 『석주유고(상)』, 259-261쪽.

14부
독립 못 본 채 눈을 감다

석주 이상룡 선생은 조국의 독립을 보지 못한 채 먼 이역에서 서거하였다. 유언으로 유해를 해방이 될 때까지 고국으로 옮기지 말 것을 당부할만큼 '조국해방'을 절체절명의 소명으로 삼았던 애국자였다. 석주 이상룡 선생은 선각자였다. 기득권을 버린 한국형 노블레스 오블리주였다. 안동 지역의 뿌리 깊은 보수유림의 고루한 외투를 벗어던지고 맨 먼저 혁신유림의 기치를 들었다.

75세 서거, '국토 회복되기 전에는 이곳에 묻어라'

만주의 한인 독립운동지도자들은 이 시기 이중삼중의 곤경에 놓여 있었다. 일제 외에도 '미쓰야 협정'으로 중국 관리들이 독립운동가를 검거하고, 중국 민간인들은 현상금을 탐냈다. 이상룡은 여러 차례 거처를 옮겨야 했다. 이 어려운 상황을 손자 병화(炳華)가 수발하였다.

무진년(1928)에 파려하(玻瓈河) 쪽으로 이주하였다. 그해에 재중청년동맹이 발기되었다. 손자 병화가 간부직을 맡게 되었으나, 곁에서 모실 사람이 없기 때문에 난처해 하니, 공은 "너는 가거라! 사회에 몸을 던졌다면 집안 일에 얽매여서는 안 된다." 하였다. 이후로 동맹 회원들이 교대로 찾아와 품의하고, 이들로 해서 집에 사람이 가득 차서 혹 잠자리가 편치 않는 데에 이르기도 하였으나, 조금도 꺼리는 기색이 없었다.

얼마 안 있어 중국의 관헌들이 한인의 결사를 의심하여 검거가 잇따르고 공에게도 미칠 염려가 있어서 드디어 길림 북쪽의 세린

하(細鱗河) 언덕으로 이주하였다. 이듬해에 다시 소과전자(燒鍋甸子)로 이주하였다. 8월에 일본군이 대거 침략하여 봉천과 장춘을 잇따라 함락시켰고, 길림마저도 적의 수중에 떨어졌다. 공은 이 소식을 듣고 우울해 하다가 불면증에 시달리게 되었으며 병상에서 근심만 할 뿐이었다.[1]

중국 각지에서 동지, 전우, 후배들이 먼 길을 마다하지 않고 찾아왔다.

이진산이 와서 울면서 "나랏일이 아직 끝이 보이지 아니합니다. 선생님께서는 무엇으로 저희들을 가르쳐주시겠습니까" 하니, 공은 "외람되게도 보잘것없는 사람으로서 제군들의 극진한 추대를 받았으나 조금도 보답하지 못하고 병이 이미 이 지경에 이르렀으니, 눈을 감지 못하는 귀신이 될까 두렵다. 원컨대 제군들은 외세 때문에 기운을 잃지 말고 더욱 힘써서 노부(老夫)의 마지막 소망을 저버리지 말아주기를 바란다."[2]

그는 병환 중에도 떨치고 일어나 못다 이룬 독립전쟁에 뛰어들

1　「행장」, 『석주유고(하)』, 161쪽.

2　앞의 책, 162쪽.

고 싶어 하는 의지를 보였다.

내가 10년만 더 살면 사기를 다시 진작 시키고, 군사를 정의롭
게 훈련시켜 다시 한 번 거사할 계획을 할 것이고, 만일 그렇게 되
지 못하면 만주의 호걸들과 연합하여 한 덩어리로 합치는 것이
또한 다음 계획인데 지금은 마침내 이에 이르렀으니 어찌 슬프지
않으랴.[3]

운명의 날이 닥쳤다. 1932년 5월 12일, 길림성 서란현 소과전
자에서 가족이 지켜보는 가운데 아들에게 "국토가 회복되기 전
에는 잠시 나를 여기다 묻어두고, 너는 네 어머니를 모시고 돌아
가는 게 좋겠다"는 유언을 남기고 눈을 감았다. 향년 75세의 장
엄한 생애였다. "어떤 죽음은 태산보다 무겁기도 하고 어떤 죽음
은 터럭 만큼이나 가볍기도 하다."(사마천)

공이 북경 군사통일회에 참석한 것. 액목에 군대를 주둔시킨 계
책. 상해의 임시정부 국무령을 맡았던 것은, 모두 분규를 조정하
여 흩어진 인심을 수습하여 일을 결맹하고자 함이었다.
애석하게도 사람들은 더욱더 편을 갈라서 서로 싸우기만 할 뿐

---

3   이준형, 「선부군(先府君) 유사」, 『석주유고(하)』, 617~618쪽.

암흑기의 선각 석주 이상룡 평전

이었다. 통합의 가능성이 조금도 보이지 않자 공은 곧 국무령의 직을 사임하고 만주로 돌아왔다. 근심과 울분이 그만 병이 되어 나라의 장사들로 하여금 오장의 슬픔을 일게 하였으니, 아! 천운이로다.[4]

석주 이상룡 선생은 조국의 독립을 보지 못한 채 먼 이역에서 서거하였다. 유언으로 유해를 해방이 될 때까지 고국으로 옮기지 말 것을 당부할만큼 '조국해방'을 절체절명의 소명으로 삼았던 애국자였다.

부고가 나가자 조곡(弔哭)하는 것이 천리에 이어졌다. 봉천과 경성, 일본의 각 신문은 모두 공의 이력을 기재하여 천하에 두루 통고하였다. 유거하던 곳의 중국인 박 씨 집 산에 임시로 매장하고 영좌(靈座)를 모시고 고국으로 돌아왔다. 7년 뒤 무인년(1938)에 조카인 문형이 하얼빈의 동취원장으로 이장하여 계공(이봉희) 및 종숙 승하와 함께 같은 곳에다 묻고 표석을 세웠다.[5]

유족으로 부인 의성 김 씨는 함께 망명하여 험한 고초를 겪으

---

4   「행장」, 『석주유고(하)』, 165쪽.
5   앞의 책, 160쪽.

며 남편을 내조하다가 3년 뒤(1935)에 별세하고, 아들 준형도 부모 따라 망명하여 독립군으로 활약하고 모친상이 끝난 뒤 귀향하여 본가인 임청각에 들어갈 수 없게 되자 외진 산골(와룡면 도곡동)에 거처하여 부친의 유고를 정리하였다. 그 작업이 마무리되었을 때 1942년 생일날 "하루를 살면 하루의 부끄러움만 더할 뿐"이란 유서를 남기고 자결하였다. 딸은 독립운동가 강남호(姜南鎬)와 결혼하였다.

이상룡의 아들 이준형 선생의 유서. 1942. 9. 2

암흑기의 선각 석주 이상룡 평전

가족, 일가친족의 항일투쟁

석주 이상룡 선생은 선각자였다. 기득권을 버린 한국형 노블레스 오블리주였다. 안동 지역의 뿌리 깊은 보수유림의 고루한 외투를 벗어던지고 맨 먼저 혁신유림의 기치를 들었다.

시대의 징후를 예감한 파격의 의식세계 쇄신이었고 확장이었다. 이상룡은 척사와 의병전쟁의 근왕주의적 관계, 애국계몽운동론과 사회진화론에 입각한 근대화론자들의 한계, 민족해방운동 노선에서 외교론과 실력양성론의 부르주아적 안이성 등 당대의 주요 민족담론들의 허구성을 예리하게 꿰뚫어보면서 시대적 상황의 리얼리티에 바싹 다가간 인물이었다.[6]

일제강점기 민족해방 투쟁의 방법론에서 외교론이나 실력양성론에 비해 무장전쟁론은 의열투쟁과 함께 가장 어려운 분야이

---

6   윤무한, 「이상룡, 만주땅에 '해방구' 일군 초대 국무령」, 『내일을 여는 역사』, 2006년 가을호, 117쪽.

고 그만큼 가장 많은 희생을 치렀다. 앞의 두 가지 방법이 비교적 안전지대에서의 활동이라면 후자의 방법은 적진에서 또는 최전 선에서 싸우는 것이어서 그만큼 위험이 따랐고 실제로 희생자가 그만큼 많았다.

석주 선생은 시종 의병전쟁으로부터 무장투쟁의 길을 걸었다. 그의 선각적인 투쟁에는 가족, 일가, 친족이 함께 하였다. 우리 나라에서 보기 드문 현상이다.

이상룡과 일가는 모두 고난의 길을 같이했다. 그의 종숙인 승화와 두 동생 상동, 봉희, 외아들 준형, 사위 강남호, 조카 형국, 운형, 광민, 광국, 손자 병화 등과 친·인척 50여 가구가 뜻을 이루지 못하면 살아서 돌아오지 않겠다는 비장한 각오로 고향땅을 등졌다. 비슷한 시기에 이회영 6형제도 압록강을 건넜다.

이상룡은 안동 전통 명가의 종손이다. 가까이로 한말 경북지역 의병의 선두에 섰던 서산 김흥락이 스승이었고, 성일 권세연은 그의 외삼촌이며, 의병대장 왕산 허위는 석주의 아들 준형과 사돈 간이다. 처남 백하 김대락과 월송 김형식 부자, 그리고 일송 김동삼은 만주 망명길에 같이 오른 평생 동지로서 모두 조국의 제단에 순국한 이들이다. 애국시인 이육사 형제들은 어려서부터 고모가인 이상룡의 고택 임청각을 드나들며 많은 훈도를 받았다.[7]

일제의 보복은 참혹했다. 1930년대 서울 청량리에서 경북 안동까지 가는 철도 노선을, 석주 선생의 생가이며 독립운동가 11명을 배출한 임청각을 관통하도록 철도를 놓았다. 아흔 아홉칸 대저택 한 가운데로 철로가 놓이고, 행랑채와 부속건물 등 50여 칸도 뜯어내 훼손했다.

문재인 대통령은 2017년 8·15광복절 경축사에서 석주 선생과 일가의 독립투쟁, 그리고 일제가 독립정신을 훼손하고자 임청각에 철도를 부설한 사실을 소개하면서 복원을 지시했다. 이에 따라 임청각 종합정비계획이 수립되고, 임청각 마당을 철도개설 이전의 모습으로 되돌리는 것을 원칙으로 복원작업이 진행 중이다. 이곳에는 임청각 사람들의 행적을 기리는 기념관도 세울 예정이다. 임청각 사람들은 치열하게 독립운동을 하였다. 1세대의 석주 선생을 정점으로 2세대로 지속되었다.

1920년대 중반 무렵부터 이광민 등 2세대가 새로운 지도자로 성장하여 만주지역을 이끌어 나갔으며, 이상룡은 1925년 대한민국 임시정부 국무령이 되어 독립운동계를 지도하였다. 이듬해 만주로 돌아온 이상룡은 1932년 서란현 소과전자촌에서 서거할 때까지, 조국 광복을 위해 온 힘을 쏟았다. 가족들은 그 뜻을 이어

---

7 앞의 책, 116쪽.

온갖 어려움을 견뎌내며, 끈질기게 항일투쟁을 펼쳤다.

임청각 출신으로 독립유공자로 서훈된 사람은 9명이지만, 그들 뒤에는 서훈 받지 못한 많은 조력자가 있었다. 특히 함께 만주로 망명하여 항일투쟁을 내조한 여성들의 공로 또한 적지 않다. 압록 강을 건너는 순간 이들 앞에는 삼중의 무거운 과제가 놓여 있었 다. 우선은 1세대 독립운동가를 지원하며 자신의 뜻을 다잡는 것 이 큰 과제였고, 또 하나는 시시각각 삶과 죽음이 교차하는 생활 현장에서 가족들의 호구지책을 마련해야 했다.

거기에다 함께 간 어린 자녀들을 민족 앞에 쓸 좋은 인재로 길 러내야 했다. 이러한 과제 앞에 임청각 여성들은 추호도 뜻을 꺾 지 않고, 당당히 자신의 삶을 헤쳐 나갔다. 임청각 사람들이 2-3 세대를 이어 오랜 시간 만주에서 항일투쟁을 이끌어갈 수 있었던 바탕에는 바로 여성들이 있었다.[8]

---

8 『석주 이상룡 탄신 160주년 기념 특별기획전』, 팜플렛, 2018년 3월, 경북도 독립운동 기념관.

풍채 의젓하고 도량은 크고 두터워

석주 선생의 아들 준형은 중국에서 오랫동안 아버지를 모시면서 독립운동을 하였다. 『석주유고』를 포함한 그의 유고는 아들의 노력으로 보존, 집합되었다. 곁에서 지켜본 부친의 모습이다.

> 부군은 풍채가 의젓하고 기국(器局)이 크고 깊었다. 성품, 도량은 관대하고 온화하면서도 엄하고 굳세었으며, 의지는 곧고 확실하면서도 고체되지 않았다. 총명하고 식견, 사려가 있어 일을 당하면 능히 앞일을 예견하고 먼 장래를 헤아렸으며 번극한 것을 다스리되 어리접지 않고 위태로움에 임하여도 두려워함이 없었다.[9]

석주 선생의 「행장」을 쓴 권상규의 기록이다.

---

9 「선군부 유사」, 『석주유고(하)』, 613쪽.

밝고 고요함을 치심(治心)의 핵심으로 삼으니 사물을 두루 원활하게 비추어보게 되었고, 공손함과 장중함을 몸가짐의 요점으로 삼으니 기상이 모나지 않고 평실해졌다. 의지는 확고부동하여 선을 따름에 있어서 미치지 못할 듯이 하였고, 근졸(謹拙)함을 법도로 삼으니 도량이 절로 크고 두터웠다.

그러므로 정신을 모아 묵묵히 앉아 있을 적에는 외관이 엄숙하여 멀리서 바라봄에 감히 범할 수 없는 그 무엇이 있었지만, 사람을 접할 적에는 그 표정과 말씀에 마치 봄바람이 이는 듯하여 사람들이 편안해 하였으니, 여기에서 바로잡고 변화하는 공부가 내면에 쌓이어 충신하고 인후한 덕이 외면에 나타난 것을 알 수 있겠다.[10]

옛 사람을 그릴 때(쓸 때) 난감한 경우가 체구나 기질, 말씨 등이다. 여러 가지 행적은 자세히 나타나지만 정작 중요한 인물의 신체구조에 관해서는 소홀한 편이다.

부군은 체구는 작으나 음성은 우렁차고 수작은 조용하고 느릿하였다. 앉으면 응결된 것 같고 서면 꼿꼿이 세운 것 같으며, 걸음걸이는 단정하고 침착하였다.

---

10 앞의 책, 163-164쪽.

큰 일을 경영할 적마다 반드시 묵묵히 요량하고 마음속으로 헤아린 뒤에 의견을 참작 채택하고, 이미 정해지고 나서는 일찍이 동요되어 고친 적이 없었다. 비록 뜻밖의 장애가 있더라도 일찍이 뒤에 뉘우치는 일이 없었다.[11]

아! 군자가 배움을 귀하게 여기는 것은 기질을 변화시킬 수 있기 때문이고, 도(道)를 귀하게 여기는 것은 때에 따라 합당할 수 있기 때문이다. 반성과 교정의 공부가 오래 되었으되 기질의 치우침이 보이지 않게 되고, 조년(早年)과 만년의 출처가 달랐으나 상도(常道)와 권도(權道)의 합당함을 잃지 않는 이는 오직 선생뿐일 것이다.[12]

석주가 신흥무관학교건 주민자치단체건 이끌어가는 데 잡음이 일지 않고 지도자나 청년들이 그를 따른 것은 한쪽에 편중되지 않은 개방적이고 폭 넓은 사고에 기인한 바가 컸다. 그는 유학의 소양이 깊었으나, 당시 다른 유학자들처럼 주자학에 얽매이지 않았다.

---

11 「선군부 유사」, 앞의 책, 616쪽.
12 「행장」, 앞의 책, 163쪽.

그는 정통 주자학자들이 경원시하고 이단시한 양명학에 관심을 가졌다. 그는 안동 사람인데도 퇴계문도가 왕양명을 배척한 것은 옳지 않다고 비판했다. 그리고 왕양명은 지조가 탁월하고 정신이 굳세어 박히고 가리는 바가 없는 비범한 인물이었다고 평가하고 양명의 독립 모험의 기개는 현재 망국의 조선인이 절실히 받아들여야 한다고 역설했다. 확 트인 면모가 약여한, 당시로서는 대단한 주장이었다.[13]

13 서중석, 「석주 이상룡 선생과 신흥무관학교의 단합」, 『독립정신』, 제66호.

15부
면면히 흐르는 독립운동가의 집안

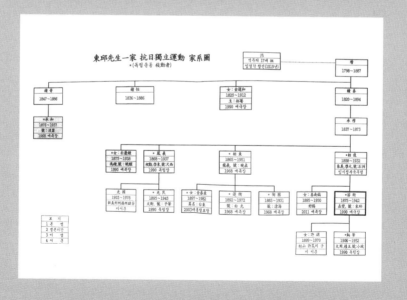

유고와 손부가 쓴 운명의 모습

석주 선생은 참으로 다양한 능력의 소유자였다. 큰 테두리로 나누어, 문인(文人)인가 하면 무인(武人)이었다. 『석주유고』에 담긴 수 백 편의 시와 각종 산문은 웬만한 문인의 수준을 뛰어넘는다.

1913년에 저술한 『대동역사』는 한국사의 계통을 단군의 고조선 → 부여 → 고구려 → 발해를 중심으로 체계화시키고 한민족의 원류를 만주 중심으로 삼으면서, 조상의 옛 터에 자리 잡고 독립운동을 하게 된 배경을 살핀다. 민족사학자였다.

그런가하면 젊은 시절 『무감』이라는 병서를 저술할 정도로 병법에 조예가 깊었다. 망명지에서 주민자치단체인 친목단체 대신 군정부, 서로군정서, 신흥무관학교 등 주로 무장전쟁 단체에 투신한 것이다.

선생의 유고 중에서 자작시 한 수, 3·1혁명을 주도하다 옥중에 있는 의암 손병희 회갑연에 보낸 시, 그리고 산문 한 편을 소개한다. 여기에 손부가 지켜본 임종기록을 덧붙인다.

병자년(1916) 정월 대보름 밤에 우연히 읊다

풍상을 실컷 맛본 동해의 나그네
맑은 눈과 달의 정월 대보름 밤
골목에는 별인 양 등불들이 환하고
허공에서는 폭죽 소리 천둥인 양 요란하네
지사는 시절을 슬퍼하여 늘 피눈물 흘리고
아이는 말을 알면서부터 벌써 군가를 부르네
만사는 하늘로부터 정해진다는 것을 잘 알기에
잠시 숲으로 가서 자는 새들을 짝해보네.[1]

최근 '자유'라는 말이 오용되고 범람하고 있으니 통탄할 노릇
이다. 선생은 1923년 「자유도설(自由圖說)」의 주제 아래 '참된 자
유', '온전한 자유', '문명한 자유' 등을 지었다.

〈참된 자유〉

정욕(情慾)의 노예가 되지 말라. 남보다 뛰어난 재주를 지닌 자
는 반드시 남보다 많은 욕심을 지니고 있다. 만약 남보다 많은 도

---

1   『석주유고(상)』, 160쪽.

덕심이 주인이 되지 못한다면 그 재주는 그 욕심의 노예가 된다. 그러므로 극기의 공부는 잠시라도 그쳐서는 안 된다.

환경(環境)의 노예가 되지 말라. 인심이 생존경쟁의 경계에 서게 되면 우리의 곁을 둘러싼 환경이 밤낮으로 서로 싸우게 된다. 환경과 싸워서 이긴 자는 존립하게 되고, 싸우지 않고 환경에 압도되는 자는 망한다.

세속(世俗)의 노예가 되지 말라. 세속은 변화하여 무상하다. 장부는 마땅히 자립하여야 하니, 어찌 일거일동을 남을 따라할 수 있겠는가? 새로운 시대를 만들어갈 수 있는 자가 최상이다.

그것을 할 수 없다면 구시대에 매몰되지 않도록 하는 것이 그 차선이다.

고인(古人)의 노예가 되지 말라. 고인도 또한 법을 말하여 당시의 폐단을 바로잡으려 한 것에 지나지 않는다. 결코 사서와 육경의 모든 것을 오늘날 적용할 수 있는 것은 아니다. 나에게 이목이 있으니 나의 사물은 내가 격치(格致)하고, 내게 생각이 있으니 나의 이치는 내가 궁구(窮究)하는 것이다. 고인에 대해서는 스승으로 삼기도 하고, 벗으로 삼기도 하고 적으로 삼기도 해야 한다.[2]

---

2 앞의 책, 639쪽.

〈의암 손병희의 회갑연서〉

삼십이 년 간을 순식간에 덧없이 보내고서

태양의 상스러운 꿈이 그대의 몸에 내려왔네

인내천의 요지를 세 번째로 전해 받았으며

독립을 앞장서서 외쳐 조국을 새롭게 하였네

기꺼이 동포를 위해 몸을 지옥에 던졌나니

회갑을 당하여 회갑연 자리에서 송축을 하네

광란의 물결 속에서도 동방은 새벽을 향하나니

멀리 자애로운 배에 우두커니 섰다가 일찍 길을 묻네.[3]

    본문에서 가끔 인용한 '손부 허은'은 1907년 구미에서 태어나 9세 때인 1915년 아버지 허발을 따라 만주 양만현으로 망명하였다. 허은 여사의 고모가 시인 이육사의 어머니다. 16세가 되던 1922년 석주 선생의 손자 이병화와 결혼하고 시할아버지인 석주 선생을 곁에서 수발하였다. 회고록 『아직도 내 귀엔 서간도 바람 소리가』에는 석주 일가는 물론 많은 독립운동가들의 생생한 모습이 적혀 있다. 석주 선생의 운명을 지켜보고 남긴 기록이다.

---

3 앞의 책, 187쪽.

석주 어른께서는 이어 환후가 망조(罔措)하실 뿐 미음도 못 가
져 오게 하시고 며칠을 냉수만 떠 넣어 드리면 "물이 천하제일이
라"하셨다. 동생과 단독수하(單獨手下) 부자분 앞에서 임종에 임박
하여 밥물을 아주 묽게 해서 설탕을 타서 넣으라 해서 두 번을 떠
넣으니 손을 저어 못하게 하시고 이어 어음(語音)이 흐려졌다.

오월 열이튿날이었다. 1932년. 그 전 해 가을 추석 지난 얼마
후 여시당과 이장녕 씨께서 총살당했다는 잘못된 소문을 듣고는
상심 끝에 발병하시어 7, 8개월을 끌다가 낙명하신 것이다.

"내 간 후라도 한국땅이 되기 전에는 유해를 고향으로 가져가
지 말라. 어느 때라도 광복 성공이 되거든 유지에나마 싸다 조상
발치에 묻어라."[4]

태양은 떠 있어도 빛이 없던 어두운 시대를 깨어있는 영혼으로
당당하게 살았던 석주 이상룡 선생.

---

4 허은, 앞의 책, 159-160쪽.

암흑기의 선각 석주 이상룡 평전

3등급 훈격에 재심 신청했으나

정부는 1962년 석주 선생에게 건국훈장 독립장을 추서했다. 공적에 비해 너무 낮다는 평이 따랐다. 선생의 유해는 순국 60년 만인 1990년 고국으로 돌아와 대전국립묘지에 안장되었다가 서울 국립현충원 임시정부 요인 묘역으로 이장하였다.

1990년에는 첫째 동생 이상동 애족장, 둘째 동생 이봉희 독립장, 아들 이준형 애국장, 당숙 이승화 애족장, 조카 이형국 애족장, 조카 이운형 애족장, 조카 이광민 독립장, 손자 이병화 독립장, 2018년에는 손부 허은이 애족장을 받았다. 한 집안에서 이같이 많은 사람이 국가의 서훈을 받은 것은 드문 일이다.

그 중심에 석주 선생이 존재한다. 임시정부 국무령까지 역임한 분에게 독립장(3등급)은 훈격에 맞지 않는다. 서훈 심사를 맡은 인사 2명이 『친일인명사전』에 올라 있는 만큼, 심사가 공정하지 못했다는 평가다.

'(사)국무령 이상룡기념사업회'는 2018년 10월 〈대한민국 임시정부 초대 국무령 이상룡 선생 건국훈장 재심신청 사유서〉를 정부에 제출했다. 주요 대목이다.

 첫째, 이상룡 선생은 대한민국임시정부 국무령, 경학사 사장, 한족회 회장, 서로군정서 독판 등 최고 독립지도자로 한평생을 독립운동에 헌신한 공적이 뚜렷하였으나 1962년 서훈(건국훈장 독립장 3등급) 당시 제대로 평가받지 못했다.

 둘째, 석주 이상룡 선생의 『석주유고』가 2008년 경북독립기념관에 의해 최초로 출간되면서 「만주기사」, 「서사록」, 「연계여유일기」가 실리게 되었고, 아들 이준형의 『동구선생문집(상, 하)』 2016년, 손자 이병화의 『소파유고』, 손부 허은의 『아직도 내귀엔 서간도 바람소리가』 1995년에 각각 발간되면서 석주 이상룡 선생의 독립운동에 많은 업적들이 새롭게 밝혀졌다. 이를 바탕으로 이상룡 선생의 업적을 심층적으로 분석 연구한 많은 논문과 저서들이 출간되었다.

 셋째, 1962년 서훈 당시에 보훈심사위원들이 심사대상으로 삼지 않았던 연구논문과 문헌자료 등에 의해 이상룡 선생의 업적과 공적이 새롭게 발견되었을 뿐 아니라 최근에 공개된 일본외무성 문서, 조선총독부 비밀문서, 중국 당안국 자료 등에도 이상룡의 독립운동 업적과 공헌이 추가로 발굴되었다.

 넷째, 1962년 서훈 당시 후손들에게 공식적 자료 요청이나 절차 없이 정부기관의 차관급 공무원과 『친일인명사전』에 반민족

행위자로 이름이 등재된 비정상적인 인물이 심사위원으로 구성되어 공적을 심사하고 훈격의 결정을 주도했다는 사실이다. 이는 독립운동가와 후손들을 모욕하고, 민족정의와 공정성을 훼손한 심각한 문제가 아닐 수 없다.

다섯째, 이상룡 선생의 공훈록은 1962년에 서훈이 결정되고 26년이나 경과한 1988년에 공훈자료로 만들었다는 점에서 공정성과 합리성을 인정받을 수 없다.

석주 이상룡 선생은 조국의 독립을 위하여 가족과 함께 만주로 망명하여 일제의 억압과 수탈을 피해 만주로 이주한 한인들의 생계대책을 마련하였다.

1858년 11월 24일 안동 임청각에서 부친 이승목(李承穆)과 안동 권씨 사이에 3남 3녀 중 장남으로 태어남. 본관은 고성. 초명은 이상희(李象羲), 자는 만초(萬初), 호는 석주(石洲) 망명 후에 이계원(李啓元) 다시 개명 이상룡(李相龍)으로 고침.

어릴 때 조부 진사 이종태(李鍾泰)에 유학(儒學)을 배움

1876년   퇴계학통의 거유 서산(西山) 김흥락(金興洛)에게 사사

1895년   을미의병, 을사의병에 참여

1907년   신교육 협동학교 설립에 참여

1909년   3월 대한협회 안동지회 설립 회장 취임

1911년   1월 6일 50여 가구 인솔 유하현 삼원포로 망명

1911년   4월 경학사(耕學社) 창설 사장 취임, 부설 신흥강습소 설립

1911년   간도지방 최초 벼농사 수전(水田)개발 대사탄 미록구 농장

1912년   부민단(扶民團) 창설, 합니하 신흥중학 개교

1913년   『대동역사(大東歷史) 』저술, 신흥학교 교재로 사용

1918년   대한독립선언서 39인 서명 참여

1919년   부민단을 한족회(韓族會)로 개편 회장 취임

1919년   5월 서로군정서 창설 독판 취임, 부설 신흥무관학교 설립

1921년   북경 '군사통일촉성회' 남만통일회의 개최

1922년   서로군정서 광복군통영 등 통합 대한통군부 발족 통의
          부로 확대 개편

1923년   임정 국민대표자회의에 군정서 대표로 이진산, 김형
          식, 김동삼, 배천택을 파견

1924년   11월 정의부 창설

1925년   9월 대한민국임시정부 초대 국무령에 취임

1926년   2월 국무령 사임, 만주 반석 화전 서란현 등에서 독립
          단체 통합추진

1928-29년 전민족유일당과 삼부통합회의 개최

1932년   음력 5월 12일 서란현 소과전자촌에서 서거 향년 75세

1962년   건국훈장 독립장 추서

1996년   현충원 임정묘역 안장

암흑기의 선각 석주 이상룡 평전
—

초판 1쇄 발행 2023년 8월 15일

지은이 김삼웅
펴낸이 한종호
디자인 임현주
제 작 미래피앤피

펴낸곳 꽃자리
출판등록 2012년 12월 13일
주소 경기도 의왕시 백운중앙로 45, 207동 503호(학의동, 효성해링턴플레이스)
전자우편 amabi@hanmail.net
블로그 http://fzari.tistory.com

Copyright ⓒ 김삼웅 2023
* 이 책은 저작권법에 따라 보호받는 저작물이므로 무단 전제와 복제를 금합니다.
—

ISBN 979-11-86910-47-4 03910
값 15,000원